LE MARIAGE
AUX ÉTATS-UNIS

PARIS. — IMPRIMERIE DE CH. LAHURE ET Cie
Rues de Fleurus, 9, et de l'Ouest, 21

LE MARIAGE

AUX ÉTATS-UNIS

PAR

AUGUSTE CARLIER

PARIS

LIBRAIRIE DE L. HACHETTE ET Cie

RUE PIERRE-SARRAZIN, N° 14

1860

INTRODUCTION

INTRODUCTION.

Parmi les nations modernes, les Américains du Nord sont le peuple le mieux placé peut-être, et dans les meilleures conditions, pour exercer une grande influence sur l'avenir du monde. A quelque point de vue qu'on se place, en envisageant l'Amérique, il y a pour le philosophe, pour l'historien, pour l'économiste, un vaste sujet d'études qui va s'élargissant chaque jour davantage. On ne peut voir avec indifférence la marche d'une nation qui, il y a moins d'un siècle, n'avait pas plus de 3 millions d'habitants, et qui, selon toute probabilité, en comptera 80 millions à la fin de celui-ci. Asile précieux pour toutes les infortunes, vaste arène pour toutes les ambitions, situé à moitié chemin de l'Europe et de l'Asie, ce pays est appelé à des destinées incalculables qui acquièrent d'autant plus d'importance que tout marche, sous sa direction, avec la rapidité de l'éclair. Le peuple américain a foi dans une mission providentielle; l'avenir dira comment il sait la remplir.

Jusqu'à présent la politique, l'économie politique, la philosophie, la littérature, ont été les seuls côtés de la vie américaine qui aient été sérieusement examinés par les écrivains d'Europe, je devrais dire de France, car rien n'approche, chez nos voisins, des travaux de MM. de Tocqueville, Michel Chevalier, et d'autres écrivains de talent que je ne peux tous nommer. Il y a dans cette sphère de l'activité humaine des aperçus si étendus, des problèmes d'une si grande portée que l'esprit s'y complaît de préférence, parce qu'il peut planer sans se sentir à l'étroit. Et cependant ces sujets d'études sont, pour les États-Unis, à peu près tout modernes, car ils ne remontent guère plus haut que la confédération qui a préparé une forte nationalité aux colonies anglaises jusque-là isolées les unes des autres, et n'ayant de commun que le joug qu'elles brisèrent alors.

Mais ce qui paraît ne pas avoir provoqué l'attention au même degré, ce sont deux institutions fondamentales dont l'examen est susceptible du même développement que les autres sujets explorés, et qui, étant la base de toute société, ont un droit égal, sinon supérieur, aux méditations du moraliste. Je veux parler de la religion et de la famille. Traités de haut, ces sujets peuvent prêter à des considérations fort étendues, mais si l'examen à en faire ne se rapproche pas un peu de la vie pratique, le lecteur y perd la connaissance de faits importants qui sont comme les ressorts cachés d'un grand ensemble. Ces faits, d'ailleurs, sont du plus grand intérêt pour montrer le point précis où est arrivé le peuple américain, dans cette voie sérieuse, depuis la fondation des colonies. Rien n'est plus propre à caractériser les déviations qu'a éprouvées la morale publique, au contact des événements qui se sont précipités plutôt que succédé dans ce pays, et pour lesquels elle a été une digue impuissante.

Il se rencontre même ici une circonstance toute particulière qui donne un intérêt de plus à cette étude; ce sont les éléments dont se forma le premier noyau des colonies. On se rappelle que leur point de départ aussi bien que la cause de leur accroissement furent les persécutions résultant des guerres religieuses qui sévissaient en Europe aux seizième et dix-septième siècles. Les victimes de ces persécutions à quelque secte qu'elles appartinssent, même les catholiques, vinrent chercher sur cette terre encore vierge de civilisation, un refuge pour leur foi ardente. De là une population qui, dès le début au moins, et même depuis, se composa pour la majeure partie d'hommes religieux, fortement imbus des idées de droit et de devoir qui, dans leur esprit, étaient inséparables pour constituer une bonne organisation.

Il y avait même un tel mélange de la

religion à toutes les circonstances de la vie civile, que la législation, en certaines matières, en référait à la Bible qui était, pour ainsi dire, le *corpus juris* des émigrants dans la Nouvelle-Angleterre. La famille, où ils avaient puisé le sentiment religieux, était forte parce qu'elle était unie; et le père, qui ressemblait en quelque sorte au patriarche d'autrefois, avait une autorité incontestée qu'on aimait, car elle était composée de bienveillance et de justice, deux attributs auxquels le sens intime est toujours heureux de rendre hommage. Le mariage constituait la famille, c'était une sainte union qui intéressait la communauté tout entière, et qui, à ce titre, devenait une institution de l'ordre le plus élevé. Il se formait sous les yeux et avec l'approbation du chef de famille; il était consacré par le pasteur, d'après les prescriptions impératives de la loi, mais surtout pour obéir à la conscience d'un devoir religieux. Aucune considération étrangère au bonheur des époux ne venait gêner leur choix, l'union était durable et ne se rompait guère que par la mort.

En Angleterre, pays qui fournit les premiers colons, en même temps qu'il en donna le plus grand nombre, le mariage était très-honoré : on le considérait comme une source abondante de population et de richesse, comme le foyer de toutes les affections, et une excellente école pour les mœurs et pour l'apprentissage de la vie. Aussi n'est-on pas surpris de voir dans les lois primitives des colonies de la Nouvelle-Angleterre, là où le sentiment religieux était si étroitement lié avec l'idée de famille, des peines très-graves prononcées contre les infractions à la vie conjugale. C'est qu'aux yeux de ces hommes pieux la famille était le principal pilier de la société ; s'il venait à faiblir, elle s'affaissait; s'il restait ferme sur sa base, elle florissait et prospérait.

Il est vrai que chaque époque a une physionomie qui lui est propre, et que le grand développement des centres de population a des exigences peu compatibles avec beaucoup d'austérité; néanmoins ne serait-il pas possible d'admettre moins de rigorisme dans les conditions de la vie, suivant les temps, tout en conservant les choses essentielles à la famille, à savoir : des garanties sérieuses précédant et accompagnant la formation du lien conjugal; l'autorité paternelle respectée, et le foyer domestique incessamment réchauffé et vivifié par la réunion étroite des membres qui doivent le composer ?

Le véritable moyen d'apprécier ce que sont devenus, aux États-Unis, la religion, le mariage et la famille, est de comparer leur état actuel avec l'esquisse que je viens de faire de leur état antérieur. Dans l'étude qui va suivre, je serai obligé de laisser à part la question religieuse, qui exigerait, pour elle seule, un examen tout spécial assez étendu. Je me limiterai à rechercher ce qu'est le mariage aujourd'hui ; si la société l'a environné de précautions tutélaires propres à en assurer la durée, ou si l'indépendance personnelle résultant des institutions démocratiques n'a pas réagi fâcheusement sur lui. Je dirai ce qu'est le foyer domestique, et en quoi les rapports de famille se sont modifiés. Je montrerai la question de race exerçant une déplorable influence, soit pour empêcher certaines unions, soit pour altérer les mœurs d'intérieur. Le divorce trouvera une place importante dans cet examen, et ce ne sera pas l'un des moindres changements opérés dans la constitution du mariage. Je ferai voir enfin que le but principal que se proposaient les anciens est gravement faussé à certains égards, et qu'il est nécessaire de remettre dans la voie qui lui est propre cette institution importante, à laquelle on n'accorde plus malheureusement le même degré de considération qu'autrefois.

A raison de la similitude de race entre les Anglais et les Américains, je ferai précéder cette étude de quelques notions sur le mariage en Angleterre. Les premiers colons avaient importé le mariage anglais en Amérique, mais des deux côtés de l'Atlantique il a été modifié ; reste à examiner quel est celui des deux peuples qui a été le mieux inspiré dans ses réformes.

J'esquisserai aussi le mariage en France, afin de mieux faire saisir par ces institutions comparées ce qu'il est aux États-Unis. Cette étude, toute d'analyse, a quelque chose d'ingrat en elle-même, elle ne peut se racheter que par l'intérêt que trouvera le lecteur à apprendre certains faits qui, je le crois, sont généralement ignorés en Europe.

CHAPITRE I

MARIAGE EN FRANCE

CHAPITRE I.

MARIAGE EN FRANCE.

I

Comment il se forme.

Je commence par le mariage en France :

Chez nous, l'autorité paternelle est restée tendrement patriarçale ; la mère surtout veille avec une vigilance constante sur le développement de l'esprit et du cœur de sa fille ; elle ne l'abandonne jamais, c'est sa compagne obligée. Tous les trésors de sa tendresse lui sont incessamment prodigués ; il semble qu'elle doive écarter toutes les épines dont le chemin de cette enfant pourra être encombré. Mais cette espèce de tutelle va peut-être trop loin, elle est assez semblable à la feuille qui est destinée à protéger le développement graduel du fruit, et dont l'ombrage trop prolongé l'empêche de mûrir. On dirait que la mère a conscience de cette situation et de la responsabilité qui en résulte, car elle précipite un peu trop le mariage, pour lequel sa fille n'est pas suffisamment préparée. Elle la guide, il est vrai, sans lui imposer ses idées, mais il faut reconnaître qu'ayant toujours été éloignée de tout ce qui pouvait troubler sa vie, la jeune fille n'a pu contracter cette habitude de voir et d'apprécier, qui constitue la véritable responsabilité, en sorte que sa résolution est moins un choix qu'une adhésion.

Cette précocité du mariage, ce défaut de spontanéité de la part de celle qui engage à toujours son avenir, sont fort critiqués par les Américains et les Anglais, qui n'y peuvent voir de garanties sérieuses de bonheur. Quoi qu'il en soit, le mariage ainsi préparé, la jeune fille y acquiesce, moins, bien souvent, par une attraction naturelle, que par des considérations de position qui sont la première défloraison de son cœur. C'est alors que la loi intervient.

Je vais en donner la substance, que tout le monde, en France, connaît fort bien, mais qu'il convient de mentionner ici, pour mettre sa prévoyance en regard de l'incurie de la loi américaine.

II

Capacité civile et célébration.

Le législateur français pose un minimum d'âge : dix-huit ans pour le mari, quinze ans pour la femme ; il exige le consentement des époux, celui des pères, mères, et à leur défaut celui des aïeuls ou aïeules, même celui du conseil de famille s'il n'existe point d'ascendants ; et à leur refus, il faut, pour passer outre à la célébration, que l'homme ait vingt-cinq ans et la femme vingt et un, et que celui des deux auquel le consentement est refusé fasse des actes respectueux aux pères, mères ou ascendants. Le mariage doit être précédé de publications de bans, faites aux mairies des domiciles des contractants, et il n'est valable qu'autant qu'il est célébré par le maire d'un de ces domiciles, dans la maison commune, en présence de quatre témoins. L'acte doit être signé par les parties, les témoins et le maire; il est de plus porté sur un registre spécial tenu en double, dont l'un est déposé aux archives. Telle est, en substance, la loi qui préside au mariage en France, et lui donne sa sanction.

III

Mariage religieux.

Indépendamment de ce mariage légal qui est dépouillé de toute solennité extérieure, les catholiques et les protestants, obéissant à une impulsion du for intérieur, demandent encore à la religion sa bénédiction spéciale. Chez les catholiques, pour lesquels le mariage est élevé à l'état de sacrement, l'on ne saurait nier que les cérémonies du culte n'impriment à cet acte important de la vie, un caractère de grandeur qui laisse souvent des impressions profondes et durables.

IV

Indissolubilité du mariage. — Séparation de corps.

La loi, d'accord avec la doctrine catholique, déclare le mariage indissoluble. La seule voie ouverte aux époux auxquels la vie commune est devenue impossible, dans les cas déterminés par la loi, est la séparation de corps. Mais aux yeux des Américains et des Anglais, cette séparation punit l'innocent plus que le coupable, et elle laisse subsister le danger de la survenance d'enfants, avec une paternité douteuse, quand elle n'est pas criminelle, paternité fort souvent contestée et qu'un mari trompé ne peut pas toujours prévenir ni désavouer.

La séparation de corps n'est point exempte, sans doute, de quelques-unes des défectuosités qu'on lui reproche, et auxquelles il serait peut-être aisé de remédier; mais elle a des avantages qu'on ne peut méconnaître; et la preuve en est dans la part qui lui a été faite dans le bill de réforme adopté en Angleterre, en 1857, ainsi qu'on le verra plus loin. C'est donc à tort que l'opinion, en Amérique, repousse cet expédient qui pourrait, dans divers cas, suppléer fort utilement le divorce, dont on est si prodigue dans ce pays.

Quoi qu'il en soit, le nombre des séparations de corps, comme celui des divorces, est une sorte de pierre de touche de la qualité des choix qui président au mariage, et du plus ou moins d'harmonie qui existe entre les époux. Sous ce rapport, il est regrettable de dire qu'en France les séparations de corps augmentent dans une proportion qui est loin de suivre le lent accroissement de la population. Le ministre de la justice, dans son dernier compte rendu de l'administration de la justice civile, en France, pour l'année 1858[1], constate que le nombre de demandes de sépara-

1. *Moniteur* du 17 avril 1860.

tions de corps, qui n'était que de 1000 à 1100, année moyenne, de 1851 à 1855, s'est élevé, en 1857, à 1727, et en 1858, à 1977.

Si l'on recherche la cause de ces demandes, on voit que sur ce nombre de 1977, 1827 avaient pour cause des excès, sévices ou injures graves, et 223 seulement, des adultères, ce qui semblerait démontrer que la plupart de ces demandes ont leur point de départ dans les classes inférieures, et d'autre part que la foi conjugale est mieux observée que ne le pensent certains détracteurs.

Un point important ressort de ce travail, c'est que sur ce grand nombre de demandes, 1777 ont été formées à la requête des femmes, et 200 seulement à la diligence des maris.

Enfin, le rapport établit que, sur l'ensemble de ces demandes, les tribunaux n'en avaient admis que 1493; qu'ils en avaient rejeté 212, et que les 272 restant avaient été retirées ou abandonnées.

Ce n'est point à dire que les malheurs du mariage se trouvent renfermés dans les limites de la statistique, non assurément; et il faut reconnaître qu'il y a en dehors de ce cadre, en France comme ailleurs, des séparations amiables qui fuient les débats de l'audience, et de plus des douleurs profondes qui, se dérobant aux yeux de tous, affectent les dehors d'un sort supportable, et préfèrent encore, à une séparation amiable, l'abri du foyer domestique, dans l'intérêt de la famille qui s'élève, et à laquelle on fait cet immense sacrifice. Mais ces faits étant communs à tous les pays, il n'y a lieu de s'attacher ici qu'aux chiffres officiels, qui serviront à contraster les situations analogues aux États-Unis.

Voyons maintenant quelle est la position faite à la femme par la loi et par les mœurs.

V

Condition de la femme.

La femme est en tout point l'égale du mari ; il n'a de supériorité sur elle que dans les rapports de la vie civile, pour la gestion de leurs intérêts communs, mais la femme n'est point effacée pour cela, car son concours est indispensable, et elle a voix délibérative avec veto absolu, dans certains cas. Elle conserve la propriété de toute sa fortune, en faisant une réserve pour ses biens mobiliers.

Les gains provenant de l'industrie du mari et de la femme, et des économies qu'ils peuvent faire, forment une communauté dont cette dernière a la moitié ; et la loi lui accorde une telle confiance, qu'alors qu'elle devient veuve, c'est elle qui, de droit, est tutrice de ses enfants ; situation complétement supérieure à celle de la femme anglaise et même de la femme américaine!

Elle a la part la plus large dans l'éducation des enfants : en communication constante avec eux, les protégeant de toute sa sollicitude pour mieux gagner leur confiance, elle les dirige sans que sa main s'aperçoive, pour ainsi dire; et si quelque peine, quelque chagrin viennent attrister ces jeunes natures, c'est dans son sein qu'on vient les verser pour obtenir un plus doux soulagement! Le cœur joue un grand rôle dans tous ces rapports, même quand le mari y prend part; peut-être cette sorte d'éducation laisse-t-elle quelque chose à désirer pour mieux tremper les enfants. Quant au mari, son rôle commence plus tard vis-à-vis de son fils, qu'une communauté de travaux et d'épreuves doit rapprocher de lui un jour.

Si nous envisageons la femme dans ses rapports avec ses frères et sœurs, l'égalité la plus parfaite règne entre eux tous pour le règlement de leurs droits dans les successions de leurs père et mère ; et si ceux-ci voulaient déranger cette égalité ou favoriser des tiers au préjudice de leurs enfants, la loi fixe des limites à ce droit de disposer. C'est une protection assurée à tous, sans distinction.

VI

Existence de société.

La femme, dans nos mœurs françaises, est un centre obligé, non-seulement pour grouper la famille, mais encore comme objet d'attraction pour la société. A toutes les époques de notre histoire on la voit contribuer puissamment à adoucir les mœurs. Aux dix-septième et dix-huitième siècles, et de nos jours, n'en a-t-on pas vu un grand nombre réunir autour d'elles tous les esprits d'élite, tous les hommes de quelque valeur, qu'elles avaient le secret de fusionner, par ce pouvoir irrésistible qui se fait accepter sans jamais s'imposer, et dont le succès n'est dû bien souvent qu'à un mot heureux, bienveillant, et toujours approprié aux faiblesses de notre nature, dont elles connaissent merveilleusement le secret.

VII

Participation aux affaires.

Mais les prérogatives de la femme française ne sont point circonscrites à la famille et à la société; elle peut aborder les mêmes sphères d'activité que son mari : la carrière des affaires de commerce et d'industrie lui est ouverte, et elle a montré en toute circonstance qu'elle y avait les mêmes aptitudes que celui-ci. Cette condition est bien différente de celle de la femme chez les Romains, car, mariée ou non, elle était condamnée à une tutelle perpétuelle, pour cause de légèreté d'esprit. Les Anglais, comme les Américains, paraissent avoir pris les Romains pour modèles sur ce point. Je ne pense pas que, dans aucun pays, on ait fait à la femme une part aussi large qu'en France; et les Américains, peuple démocratique, devraient bien nous imiter, eux qui, tout en prodiguant mille marques de déférence à la femme, la tiennent dans une tutelle complète.

VIII

Le mariage considéré comme élément de population.

Le principal, et ce devrait être l'unique agent de production de la population, est le mariage. Aussi, dégagé de l'intérêt individuel, tous les peuples l'ont honoré, encouragé, soutenu de toute manière. Le célibat, qui arrête son essor, a toujours été vu de mauvais œil, excepté peut-être, depuis l'apparition du christianisme, où il a prouvé qu'il avait aussi sa raison d'être.

Le mariage est un élément de richesse pour un pays, à cause de la famille dont il est la source ; et si c'était là le seul signe de prospérité, il faudrait reconnaître que la France est de beaucoup en arrière de l'Angleterre, et des États-Unis surtout. Les deux derniers recensements[1] ont prouvé que l'accroissement de population en France, dans les dix années précédentes, n'avait eu qu'une marche insensible, et inférieure à ce que l'on était en droit d'espérer d'un pays en pleine paix, et d'où l'émigration est minime. Doit-on attribuer ce résultat à une plus grande extension du célibat, ou à la translation des habitudes du célibataire, dans le mariage? Les deux causes peuvent y concourir simultanément.

Ce résultat est un sujet de regrets, même d'alarmes pour les économistes : quelques-uns d'eux, dans le tumulte de leurs appré-

1. *Moniteur* du 31 décembre 1856 et *Journal des Économistes*, février 1857, p. 225.

hensions, voudraient presque voir renouveler la loi Pappia Poppea, qui fit époque sous le règne d'Auguste et dans la législation romaine, et qui, en même temps qu'elle frappait le célibat, encourageait la fécondité, de mille manières. D'autres, moins radicaux, ne demanderaient que le renouvellement de l'édit de 1666, par lequel Louis XIV autorisait certaines pensions pour les parents qui auraient dix enfants, avec augmentation pour ceux qui en auraient douze ou un plus grand nombre. Mais ces idées ont fait leur temps; elles témoignaient de cet esprit de despotisme aveugle qui croit réalisable tout ce qu'il veut, « comme si, dit un historien ecclésiastique[1], la multiplication de l'espèce humaine pouvait être un effet de nos soins, au lieu de voir que ce nombre croît et décroît selon l'ordre de la Providence. » Tous les peuples qui ont voulu réglementer ce sujet n'ont point tardé à reconnaître l'impuissance de leur intervention, et il faut reconnaître aujourd'hui, que la seule

1. Sozomène, liv. I, chap. IX.

chose à faire, serait d'améliorer les mœurs, et de donner à la vie plus de simplicité pour rendre au mariage tout son attrait et sa fécondité naturelle.

CHAPITRE II

MARIAGE EN ANGLETERRE

CHAPITRE II.

MARIAGE EN ANGLETERRE.

I

Préliminaires.

En Angleterre, nous avons un avant-goût du mariage tel qu'il se pratique aux États-Unis, sous le point de vue de la liberté fort grande laissée aux jeunes filles pour exercer leur choix. Néanmoins il y a là encore des différences fort tranchées : un des premiers points qui est saillant en Angleterre, c'est l'autorité paternelle qui domine tous les actes de la famille, et se trouve l'objet du respect de tous ;

elle se révèle d'un mot; lorsqu'un fils adresse la parole à son père, il ne lui dit pas : mon père, mais monsieur. Ce serait donner à cette expression une portée trop grande que de la prendre entièrement à la lettre, car l'affection filiale peut très-bien se concilier avec l'autorité paternelle ; nos anciennes mœurs françaises en témoigneraient au besoin. Mais c'est une affection contenue, dont le respect vient modérer les élans. D'un autre côté, le père et la mère savent, en retour de cette déférence, accorder une grande liberté à leurs enfants dans tout ce qui se rattache au mariage. Une jeune Anglaise peut fixer son choix, sans direction, sans contrainte, mais généralement elle ne le fait que sous les yeux de sa mère qui, à moins de circonstances particulières et d'une nature grave, laisse naître et se développer l'affection de sa fille pour le mari qu'elle espère.

Dans ce pays qui est un grand centre de commerce, d'industrie et d'affaires de toute nature, où chacun peut, par son travail, son intelligence et son activité arriver à une certaine situation de fortune, la dot de la jeune fille est moins un objet que ses qualités personnelles et la considération attachée à sa famille; à la différence de la France, où un grand nombre d'hommes, fonctionnaires ou militaires, avec des émoluments fixes et fort modestes ont des exigences de position qui les font trop souvent céder à des considérations pécuniaires. Il faut reconnaître cependant que les vénérables pratiques de désintéressement, en matière de mariage, inclinent depuis quelques années, à s'altérer en Angleterre comme ailleurs; c'est le contre-coup des tendances du siècle, qui est ressenti partout.

Quoi qu'il en soit, du côté de ses parents, la jeune Anglaise est dégagée de toute influence qui retirerait à son consentement sa pleine liberté. Puis les mariages n'étant point aussi hâtifs qu'en France, le discernement a eu le temps de se former, de mûrir; la raison a pu calmer les impulsions bien naturelles à cet âge et dans de telles circonstances.

Une chose cependant vient quelquefois égarer ces jeunes natures; la vie anglaise est toute de famille, et souvent les relations au dehors sont fort limitées. D'autre part, les immenses possessions de l'Angleterre sous toutes les latitudes, son importante marine, enlèvent au foyer domestique une quantité considérable d'hommes jeunes encore, d'où résulte une grande disproportion entre les deux sexes. Le cercle où les jeunes filles peuvent choisir est assez restreint, et souvent elles n'y peuvent trouver l'homme auquel elles voudraient attacher leur destinée. Dans l'espoir de mieux rencontrer, beaucoup de familles anglaises fréquentent les bains de mer, les eaux minérales, elles multiplient les voyages, et c'est dans cette atmosphère qui n'est point la plus pure, qu'un certain nombre de mariages ont leur point de départ. Là, on le pressent, dans cette existence fardée, on prend aisément un masque pour une physionomie naturelle, et la fashion se mettant de la partie, la raison de la jeune fille se trouble, et le mariage est livré à tous les hasards d'une rencontre. Quand le choix est fait, on pense à le consacrer; c'est le rôle de la loi qui commence.

II

Célébration du mariage anglais.

Autrefois on mettait en question la validité du mariage fait en Angleterre, hors la présence du ministre de la religion établie, mais depuis longtemps déjà le concours de ce ministre n'était plus considéré que comme affaire de conscience, non de nécessité; alors le consentement des père, mère ou tuteur, pas plus que les publications de bans n'étaient indispensables; aucune forme particulière n'était obligatoire, et quand, plus tard, sous l'empire du statut de lord Hardwicke, les formalités exigées furent impératives, on ne pouvait obtenir la nullité du mariage sur le motif de l'absence des formalités prescrites, à moins que cette nullité ne fût édictée comme sanction. Cependant on ne tarda point à voir les conséquences d'une législation si imparfaite, et on travailla à la réformer.

Le dernier statut qui régit cette matière date du règne de Guillaume IV. Il institue des greffiers de district qui tiennent un registre où les parties qui veulent se marier font inscrire la déclaration de leur intention, avec les détails propres à éclairer ceux qui auraient intérêt à s'y opposer. Ce registre est ouvert gratuitement au public. Après vingt et un jours de cette sorte de publication, le greffier délivre une licence, c'est-à-dire un certificat constatant qu'il n'existe point d'opposition au mariage, et qu'on peut y passer outre. S'il survient une opposition, le greffier a le droit d'examiner et de décider si elle est fondée; en cas de doute, on en réfère au grèffier général qui prononce souverainement.

Ces formalités accomplies, le mariage doit être célébré par un ministre de la religion établie d'Angleterre, suivant les rites qui lui sont propres, ou par le rabbin pour les juifs, ou par les anciens pour les quakers, ou facultativement pour tous, par le greffier. La célébration doit avoir lieu dans le bâtiment du greffe, de huit heures à midi, en présence de témoins; et les parties doivent déclarer dans l'acte, sous serment, qu'elles ne connaissent aucun empêchement au mariage.

III

Gretna-Green.

Pour échapper à ces prescriptions, les Anglais, bien souvent, franchissaient la frontière de l'Écosse qui a des lois tout autres sur cette matière, et contractaient, devant le forgeron de Gretna-Green, un mariage expéditif et dégagé de toutes formalités et de toute entrave. Mais un bill passé par le parlement, le 31 décembre 1856, a ordonné que désormais, aucun mariage irrégulier contracté par des Anglais, en Écosse, ne serait valable en Angleterre, qu'autant que l'une des parties aurait, à la date du mariage, sa résidence en Ecosse, ou y aurait vécu vingt et un jours auparavant.

En résumé l'on voit qu'un certain nombre de formalités sont exigées des Anglais qui veulent contracter mariage, mais que la porte de l'Écosse est toujours ouverte à ceux qui tiennent à s'en affranchir. Le séjour de vingt et un jours dans ce dernier pays est facilement éludé par une absence momentanée du futur ou par des témoignages complaisants; ainsi se trouve renversée la seule barrière élevée par la loi! Ce qu'il y a de remarquable, c'est qu'en Angleterre, là où l'autorité paternelle est reconnue comme un dogme de famille, rien ne rend obligatoire le consentement des père et mère; et le grand nombre de mariages faits à Gretna-Green prouve que leur agrément est loin d'être toujours obtenu; ce qui équivaut à dire que leur autorité est encore assez souvent méconnue. Ce trait de mœurs n'est pas nouveau, il semble même traditionnel, si l'on en croit Montesquieu qui rapporte que de son temps, en Angleterre,

« les filles abusaient souvent de la loi, pour « se marier à leur fantaisie sans consulter « leurs parents [1]. »

IV

Mariage en Écosse.

La loi d'Écosse qui semble faite, à certains égards, pour maintenir la séparation des deux pays, n'exige pour toute formalité qu'une publication de bans dans la paroisse où résident les parties; et tout ministre d'un culte quelconque est autorisé à célébrer le mariage, sans avoir rien autre chose à exiger que le consentement des parties qui veulent s'unir. Les juges de paix n'ont pas le droit de procéder à cette célébration, mais ils donnent acte

1. *Esprit des lois*, vol. III, p. 428.

du consentement exprimé devant eux, et cela suffit pour la validité du mariage.

Telle est en substance la législation de l'Angleterre et de l'Écosse sur cette matière.

V

Condition de la femme anglaise.

Examinons la position de la femme anglaise dans la famille, dans la société, et au regard de la loi.

La femme mariée, en Angleterre, est l'égale de son mari, au point de vue religieux seulement, non autrement. Elle est, il est vrai, l'objet de son affection, de ses égards, mais on ne saurait dire qu'elle est réellement sa compagne, la confidente de ses pensées intimes, car l'Anglais n'a jamais d'épanchement avec sa femme; ce n'est pas un manque de confiance en elle, cela tient au caractère national et à la conscience qu'a chaque homme, de sa dignité personnelle et d'une supériorité que l'opinion et la loi lui accordent sur sa femme, en toute circonstance. Et comme tout est ordonné, dans la société, par une espèce de code de bienséances, le savoir-vivre s'est ingénié à régler des rapports qui, chez d'autres peuples, sont abandonnés à la tendresse mutuelle et soumis à son seul contrôle.

La mère, en Angleterre, est bien le centre de la famille, autour duquel viennent se grouper le mari et les enfants; tous sont unis par des liens étroits, mais on ne peut pas dire qu'il y ait fusion ; chacun a sa position marquée et notée; il y a là un composé de déférence et d'indépendance qui constitue l'un des traits caractéristiques de la famille anglaise, et qui a beaucoup de relief aux yeux des Français chez lesquels la famille a une tout autre physionomie d'abandon, où les rangs s'effacent, sans pour cela être méconnus. Néanmoins, peut-être qu'en appréciant les deux systèmes et en les comparant on arriverait à cette conclusion que le mieux serait de les mitiger l'un par l'autre, pour diminuer le formalisme de l'un et le trop grand abandon de l'autre.

VI

Le foyer domestique devenu *boarding-house*.

La vie de famille en Angleterre, le *home* si prôné et si estimable d'ailleurs, reçoit depuis un certain temps déjà, de graves altérations dans la classe bourgeoise, des grandes villes notamment. La vie matérielle, le luxe, une foule de besoins nouveaux viennent peser sur les ressources fort limitées d'un grand nombre d'habitants ; il faut compter avec ces exigences qui s'imposent, et l'on est amené à recourir, pour y satisfaire, à des moyens tout à fait en opposition avec les mœurs anglaises, avec la tradition qui est pourtant si puissante dans ce pays. Je veux parler de la coutume qui s'est établie de prendre des pensionnaires, ce qu'on appelle en anglais tenir un *boarding-house.* Ainsi à Londres, par exemple, et dans le voisinage, beaucoup de familles ont recours à cet expédient, et elles fatiguent les journaux de leur appel au public, surtout aux célibataires.

Cet élément nouveau introduit dans la famille, souvent sans beaucoup de discernement et de précautions, en relâche les liens et les compromet quelquefois. C'est la vie en commun avec tous ses hasards, substituée à la vie intime; l'on entrevoit tous les désordres qui peuvent en résulter. Expliquée d'abord par des besoins réels, impérieux même, cette sorte d'existence a été ensuite, de parti pris, l'objet d'odieux calculs qui ne sont autres que des piéges tendus à la bonne foi et à la crédulité publiques. On a fait résolûment appel aux faiblesses du pensionnaire pour l'amener à commettre une faute, lâchement épiée, et à la lui faire chèrement payer. Ce trait de mœurs a été peint de main de maître par Dickens, dans son roman de *Pickwick;* mais le cadre qu'il s'est tracé ne lui a pas permis de dévoiler toutes les particularités de cette stratégie mercantile, malgré l'intérêt qu'elles offriraient. Je m'abstiendrai comme lui, par une réserve que le lecteur appréciera.

VII

Vie de société.

La vie anglaise étant généralement une vie de famille, la société, dans le sens que nous attachons à ce mot, n'existe pas en Angleterre, si ce n'est dans quelques salons tenus par l'aristocratie, à Londres. Là on remarque quelques femmes de mérite, mais elles apparaissent plutôt comme des météores que comme des constellations. Ce n'est point le talent qui manque, mais le théâtre; différence importante dans la constitution des deux sociétés anglaise et française. C'est un moyen d'influence de moins pour la femme anglaise, au point de vue de la sociabilité qui laisse encore beaucoup à désirer dans ce pays, et qui est tenue en échec par l'esprit de caste si fortement enraciné dans les classes supérieures.

VIII

Capacité civile de la femme anglaise.

Dans la vie civile, la femme anglaise est tout à fait effacée. Par le fait du mariage, son mari devient propriétaire de ses biens mobiliers, et il a la jouissance de ses immeubles. Il est son gardien légal, et quand, par suite de conventions, les choses doivent suivre un autre cours, on nomme des fidéicommissaires (*trustees*) auxquels la garde et l'administration de sa fortune sont confiées; de sorte que, dans ce dernier cas elle et son mari dépendent de la probité et de l'intelligence de ces tiers qui peuvent malverser et compromettre ce dépôt; sans compter les conflits qui s'élèvent entre eux et le mari pour le meilleur emploi à faire des deniers de la femme. Tout cet échafaudage qui rappelle les mœurs d'un autre âge, repose sur la présomption légale de l'incapacité de la femme pour gouverner ses intérêts. Je ne rappellerai point ici les autres circonstances dans lesquelles la loi maintient cette présomption d'incapacité et cette infériorité vis-à-vis du mari; c'est le trait principal que j'ai voulu constater sans entrer dans des détails techniques.

On comprend qu'en face d'une loi si peu équitable les femmes anglaises, même libres des liens du mariage, ne cherchent point, comme les femmes françaises, à aborder, dans certaines circonstances, la sphère du commerce et de l'industrie; elles n'y réussiraient point, sans doute, non par manque d'intelligence, mais la confiance et le crédit ne les appuieraient pas; tout ce qui heurte l'opinion ou le préjugé doit compter sur un insuccès infaillible.

IX

L'Anglaise considérée comme héritière.

La position de l'Anglaise, comme héritière, n'est pas moins subalternisée. Elle doit s'effacer devant des considérations politiques ou des instincts aristocratiques qui ont gagné les classes moyennes, lesquelles veulent faire souche à leur tour. La majeure partie du sol étant possédée par la noblesse, l'aîné mâle, dans chaque famille, en est saisi par voie de substitution. Quant à la fortune mobilière, les filles sont appelées au partage; mais, bien souvent, leurs droits se trouvent singulièrement réduits par un testament qui peut même les annuler entièrement, en vertu de l'omnipotence laissée sans réserve au père de famille. Il suit de là que, dans bien des cas, les femmes sont tout à fait sacrifiées, et tombent, de l'état d'opulence où elles ont été élevées, dans une situation voisine de la gêne. Ces grandes inégalités entre les filles et leur frère aîné altèrent, quoi qu'on fasse, les sentiments de famille, car elles tendent à éloigner de plus en plus tous les membres les uns des autres. Si les frères puînés sont aussi maltraités que leurs sœurs, ils ont au moins la ressource d'embrasser une carrière qui peut les conduire à la fortune et réparer les injustices de la loi; mais la femme est condamnée par les mœurs à une sorte d'immobilité qui la place sur un pied d'infériorité réelle vis-à-vis de tous ses frères à la fois.

X

Divorce et séparation de corps en Angleterre.

Si, laissant ces considérations générales, nous envisageons toutes les misères d'un mariage mal assorti, c'est alors que la femme anglaise est vraiment digne d'intérêt. D'après l'ancienne législation qui s'est maintenue jusqu'en 1856, une femme que son mari avait abandonnée ne pouvait sauvegarder ni le produit de son travail ni les ressources qu'elle recevait de sa famille. Que de plaintes et de souffrances restées longtemps sans écho! Cependant la nécessité de modifier profondément la loi du divorce amena le parlement à s'intéresser occasionnellement au sort de la femme abandonnée.

D'après le bill de réforme de 1857, toute femme délaissée par son mari peut protéger, contre ce dernier et contre ses créanciers, tout ce qu'elle pourra acquérir par son industrie ou par succession et testament; elle a le droit de disposer de ses biens et d'agir en justice pour la conservation et le maintien de ses droits, comme si elle n'était pas mariée. Et afin de faire jouir du bénéfice de ces dispositions nouvelles les femmes de toutes les conditions, les magistrats de police métropolitaine, à Londres, et les juges de paix, dans les comtés, sont investis du droit de leur accorder ces sortes d'émancipations lorsqu'ils les trouveront suffisamment justifiées.

C'est là une grande innovation dans le droit anglais; c'est même une disposition vraiment exorbitante aux yeux du législateur le plus libéral, puisqu'elle détruit la puissance maritale en laissant subsister le lien conjugal; elle fait plus que protéger la femme contre son mari, elle va au delà du but, car elle laisse la femme sans défense contre elle-même; elle l'autorise à aliéner sans autorisation quelconque la fortune même patrimoniale qu'elle pourra recueillir un jour. C'est tomber d'un excès dans un autre. Telle est à peu près la tendance générale des lois qui se font aujourd'hui!

Le divorce existe depuis longtemps en Angleterre, mais, jusqu'au bill de réforme dont je viens de parler, cette voie légale n'était accessible qu'aux gens riches. C'était, en fait, une législation d'exception. Le dédale inextricable des procédures, leur iniquité, les juridictions exceptionnelles, l'énormité des frais, tout rendait impossible le recours à la loi, du moins pour le plus grand nombre. Là se voyaient des seconds mariages sans qu'aucun divorce eût rompu les premiers, puis des adultères, des naissances illégitimes; on fermait les yeux sur le crime de polygamie, quoiqu'il fût qualifié félonie. Les faits avaient une puissance que la loi pénale ne pouvait réprimer; elle était réduite à se voiler! Le mal s'éleva à de telles proportions que le parlement s'en émut et modifia profondément cette législation en y substituant un état de choses tout nouveau dont l'expérience se fait maintenant, et qu'on peut résumer ainsi :

L'adultère est la seule cause de divorce qu'un mari puisse invoquer contre sa femme. celle-ci, au contraire, est obligée à prouver davantage contre son mari pour obtenir la dissolution du lien Ainsi il faut non-seulement que celui-ci ait commis un adultère, mais que sa complice soit une femme qu'il n'aurait pas le droit d'épouser s'il était libre, soit qu'il existe entre eux des degrés de parenté ou d'affinité emportant prohibition légale, soit qu'en épousant cette complice il ait commis un acte de bigamie ; ou bien encore il faut qu'à l'adultère se joigne la circonstance d'actes de cruautés exercés sur elle par son mari, ou d'un abandon pendant deux années, au plus, du domicile conjugal, sans excuse valable. La femme peut cependant invoquer encore deux autres causes de divorce ; c'est ainsi qu'elle peut se prévaloir de l'enlèvement qu'aurait fait son mari de sa complice, et d'un crime contre nature dont celui-ci se serait rendu coupable; mais il faut pour l'exercice de ces droits que rien, de la part de celui qui les invoque, ne vienne atténuer la faute de l'autre époux; c'est à la cour qu'il appartient de décider en pareille circonstance.

Aux juridictions exceptionnelles auxquelles ces sortes d'affaires étaient précédemment réservées, on a substitué une cour de justice composée de juges détachés des autres cours, et on a considérablement simplifié et moralisé les procédures et les frais, de manière à rendre ce tribunal accessible à tous, ou du moins au plus grand nombre.

Le divorce étant, de sa nature, un moyen extrême, on a cherché à faire accepter par les époux, dans certaines circonstances données, un moyen qui, sans être un équivalent du divorce, ne fermait point la porte à une réconciliation dans l'avenir. On a introduit la séparation de corps qui ne dissout pas le lien, qui se borne seulement à le relâcher. Ce moyen peut être invoqué 1° en cas d'abandon de l'un des époux pendant deux ans au plus; 2° en cas d'adultère; 3° et pour sévices graves qui seraient de nature à donner des appréhensions pour la conservation de la vie. La connaissance de ces sortes d'affaires est donnée aux cours de justice jugeant avec jury.

Cette législation réformée une fois à l'œuvre, a révélé une des plaies de la société anglaise; en effet, la statistique a établi que, depuis le fonctionnement de la nouvelle juridiction, le nombre des demandes de divorce s'est multiplié au delà de toute prévision, à ce point que la cour ne peut suffire depuis près de trois ans à l'expédition des affaires.

De bons esprits craignent qu'on ne soit allé trop loin dans cette voie de réforme, tant il est difficile, lorsqu'on expérimente sur le corps social, de même que sur les individus, d'approprier le véritable remède à la constitution, et surtout de ne point dépasser la dose que le malade peut supporter!

CHAPITRE III

MARIAGE EN AMÉRIQUE

CHAPITRE III.

MARIAGE EN AMÉRIQUE

I

Préliminaires.

J'arrive maintenant au mariage américain.

La jeune Américaine jouit de plus de liberté encore que l'Anglaise, et elle a une grande indépendance qui est dans la race et la tradition, et qui s'exagère au contact des mœurs démocratiques; mais il est juste de reconnaître que cette liberté, cette indépendance n'ont pas les mêmes inconvénients et ne présentent pas les mêmes dangers qu'elles auraient ailleurs; car, en Amérique, la femme est placée sous l'égide de l'opinion publique, et ce n'est pas un vain mot. Quelle que soit son inexpérience de la vie, elle peut voyager seule et parcourir tous les États-Unis, sans qu'un homme hasarde près d'elle un mot, un geste, qui pourraient l'offenser. Loin de là, elle est l'objet de toutes les prévenances et de tous les égards. Cette déférence fait le plus grand honneur à l'intelligence des Américains qui ont compris qu'au milieu du pêle-mêle de la vie démocratique, la femme devait être placée au-dessus du niveau général; et rien, en cela, ne blessait le sentiment d'égalité, puisqu'elle reste étrangère aux luttes de la vie active.

Les jeunes filles d'Amérique se complaisent de bonne heure dans des réunions dont elles font exclusivement, ou à peu près, le noyau avec des jeunes gens de leur âge, laissant en dehors ceux que le mariage a déjà reçus sous sa bannière. On a dit fort spirituellement d'une partie de ces réunions qu'il n'y manquait que des berceaux. L'esprit peut s'y rencontrer çà et là , mais ce qu'on entend de partout, c'est un certain caquetage qui vise moins au trait qu'à la sonorité. Si l'on y met la sourdine, il tombe dans ce qu'on appelle en anglais la *flirtation.* C'est une joute de propos interrompus, sans signification apparente, mais dont le but entrevu est toujours le mariage, sauf les épisodes qui en forment les accidents préparatoires. L'intérêt, on le voit, se trouve plus ou moins au fond de la pensée de chacun ; et comment pourrait-il en être autrement, lorsque les jeunes personnes savent qu'elles ne peuvent guère compter que sur elles-mêmes pour trouver un mari ?

Mais si, bien souvent, on ne peut voir dans ces réunions qu'une espèce de champ d'affaires, il serait injuste de ne pas reconnaître qu'au milieu de ces frivolités on voit naître aussi des affections vraies et profondes où le cœur a mis un fort enjeu et n'a point assez mesuré les obstacles. Bientôt des circonstances imprévues surgissent, qui empêchent l'union projetée d'avoir lieu. La jeune fille, habituée à ne point rencontrer d'entraves, est brisée par cette résistance qui est plus forte qu'elle. Quelquefois elle y succombe ; et si elle surmonte ce malheur, quels ravages on aperçoit dans ses traits, dans son esprit, dans son cœur ! Elle n'a plus pour la vie qu'une profonde indifférence, pour la société, qu'un amer dédain ! Infortunée qu'une éducation mieux dirigée, une société plus prévoyante eussent préservée sans doute d'un tel danger !

Outre ces réunions, c'est aussi, comme en Angleterre, aux bains de mer, aux eaux, en voyage, que la jeune Américaine cherche un mari, et lorsqu'elle croit l'occasion favorable, elle s'engage dans cette voie, seule, sans l'avis de ceux que la nature et l'affection ont placés à côté d'elle comme ses conseils les plus intimes, les plus dévoués. A un âge fort jeune encore, où elle s'ignore elle-même, où la vie n'a aucun enseignement pour elle, où les circonstances les plus frivoles, les apparences les plus décevantes, une surprise des sens peuvent obscurcir sa raison, elle prend la résolution la plus grave de sa vie.

Indépendante par nature et par éducation,

elle éprouve moins qu'on ne le pense de ces hésitations qui sont dans le caractère de la jeune Française; loin de là, elle serait plutôt disposée à n'accueillir qu'avec beaucoup de réserve une opposition de ses parents; et à certaines exceptions près qu'on ne rencontre guère que dans les familles où les traditions sont le meilleur enseignement, on ne trouve plus autant qu'autrefois cette déférence délicate de la fille pour sa mère, qui est le plus bel hommage que l'on puisse offrir à celle à qui l'on doit tout.

C'est dans ces conditions que le mariage se prépare et se fait assez souvent aux États-Unis. On comprend que la loi ne soit pas plus exigeante que les mœurs, et qu'elle n'impose pas le consentement des père et mère pour le mariage de leurs enfants. En fait, ce consentement est presque toujours donné; mais il serait fort curieux de rechercher et de constater, comme trait de mœurs, dans combien de circonstances il n'a été obtenu qu'après coup, comme satisfaction à l'opinion publique. On a vu que le nombre des mariages anglais faits à Gretna-Green était assez grand pour que le parlement s'en émût et cherchât à y porter remède, mais aucun document de ce genre n'existe pour les États-Unis, si ce n'est peut-être le fait des enlèvements dont je parlerai plus loin.

II

Capacité civile pour le mariage. — Célébration.

Aux États-Unis, d'après la loi commune d'Angleterre, qui est le droit général et qui a, du reste, été modifiée dans quelques États, le minimûm d'âge pour le mariage est quatorze ans pour les hommes et douze ans pour les femmes. Passé cet âge, les jeunes gens peuvent se dispenser du consentement de leurs père, mère et tuteur. Il est bien vrai que, d'après cette même loi, on pourrait contracter mariage dès l'âge de sept ans, avec le consentement des père et mère; mais il ne paraît pas que des parents soient assez dénaturés pour prêter les mains à de pareilles unions ; tout au plus s'y décideraient-ils à titre de fiançailles.

De même que le consentement des parents n'est point obligatoire, la loi commune n'exige pas de publication de bans, pas de témoins, pas même la signature des parties, et le mariage peut être célébré par un juge de paix ou un ministre du culte, n'importe quelle soit leur résidence, même en dehors de la circonscription du domicile des époux, à toute heure et dans quelque lieu que ce soit. Quelle énorme déviation des mœurs des Pèlerins! Plus d'autorité paternelle, la clandestinité substituée au grand jour, et l'intervention salutaire du ministre du culte de la congrégation, souvent rejetée, pour y substituer le concours d'un obscur juge de paix ou autre officier subalterne inconnu de tous! Ces mœurs ne sont pas encore heureusement fort répandues, mais c'est une grande faute de la loi, que de dépouiller le mariage d'une certaine solennité qui en fait mieux comprendre l'importance, et de garanties de publicité qui maintiennent le respect humain auquel trop de gens cherchent à se soustraire!

Quelques personnes prétendent, il est vrai, que la publicité du mariage n'est d'aucun intérêt; que l'union des individus est leur affaire exclusive et ne concerne personne autre. Ce raisonnement est la conséquence de l'idée prédominante, en Amérique, que l'individu doit passer avant la société, et que celle-ci ne doit apporter d'entraves que dans des cas rares et pour des motifs de la plus haute gravité. Mais on oublie trop que le mariage fonde la famille, crée des rapports nouveaux entre des personnes qui auparavant étaient étrangères l'une à l'autre, et qu'il résulte de là des droits et des devoirs de toute nature, de famille, civils, politiques, et qu'on ne saurait trop protéger une institution, la plus ancienne et la plus respectable de toutes, où l'homme retrempe sa moralité, dans notre état social.

Ces idées paraissent cependant avoir fait impression sur certains esprits, car il est, je crois, deux États où l'on exige des garanties de publicité, mais sans y mettre de sanction pénale. Il faut dire comme explication, qu'aux États-Unis comme en Angleterre, il suffit que la cohabitation ait eu lieu pour rendre les juges fort indulgents et pour valider le mariage imparfait. C'est probablement en se rattachant à cette pensée que la cour du banc de la reine, la juridiction la plus élevée d'Angleterre a décidé, en 1855, qu'un ministre protestant pouvait célébrer lui-même son mariage ; et, partant de cette base, elle en a validé un fait dans ces mêmes conditions. En France ces principes heurtent nos idées les plus élémentaires en droit, et il ne faut rien moins que la considération du fait accompli pour admettre l'application possible de pareilles théories.

III

Formes excentriques de célébration.

Les circonstances se réunissent quelquefois pour donner une physionomie bizarre à la célébration de certaines unions ; ainsi, l'on raconte que dans l'État du Maine, le conducteur d'un convoi de chemin de fer, trop occupé, sans doute, pour pouvoir consacrer un jour à son mariage, appela sa fiancée et un ministre, dans un wagon ; et pendant la marche du convoi, la célébration eut lieu. En sorte que d'une station à l'autre, cet homme parti célibataire arrivait homme marié. C'est là un de ces mille exemples de la vie telle qu'elle se pratique dans ce pays, aux vives allures (*Fast country*).

Ce qui est plus original encore, c'est le mariage de deux jeunes fiancés de la Virginie, qui, en 1855, avaient à traverser une rivière pour aller trouver le pasteur qui devait les unir; elle était très-gonflée et le passage n'était point praticable. Ces jeunes gens appelèrent la première personne venue, sur l'autre rive et expliquèrent le but de leur démarche. Le pasteur vint: on roula le papier qui contenait l'autorisation nécessaire, on l'attacha à une pierre et on le jeta au ministre qui, après l'avoir lu et avoir échangé les questions et les réponses usuelles, d'une rive à l'autre, maria le jeune couple, suivant les rites de l'Église. Ces mariages tout singuliers qu'ils se présentent dans la forme, n'en sont pas moins très-sérieux, et ils doivent produire tous les effets civils.

IV

Mariages pour rire.

Les deux faits qui viennent d'être rapportés n'ont d'excentrique que la forme, mais il en est d'autres qui sont une atteinte sérieuse au respect dû au mariage et à la loi qui le protége. Ainsi que le dit fort bien un auteur américain [1], « Parmi les folies auxquelles se livrent certaines gens, se trouvent les mariages pour rire (*mock marriages*), ou faits par plaisanterie. » D'après cet auteur, si deux personnes n'ayant pas l'intention sérieuse de se marier, n'en remplissent pas moins les formalités, à titre de distraction ou d'amusement, elles n'en seront pas moins très-bien mariées, par un lien légal qui les empêchera d'en contracter un autre, tant que celui-là subsistera.

1. Bishop, *On marriage and divorce*, § 83.

C'est ce qui arriva précisément en Pensylvanie en 1857. Une demoiselle J.... se rendit à une réunion avec M. B.... et là ils plaisantèrent sur le mariage; ils firent le simulacre de ce qui a lieu en pareille circonstance: M. B.... demanda la main de Mlle J.... qui y consentit. Pour continuer la plaisanterie ils se rendirent chez un pasteur du voisinage et le nœud conjugal fut formé. Cependant après que la jeune personne eut recouvré son sang-froid, elle ne voulut pas pousser plus loin la contrefaçon du mariage; mais le nouveau marié prit la chose au sérieux et réclama l'exécution de l'union; la femme refusa et fut obligée pour se soustraire aux conséquences légales de son engagement inconsidéré, de former une demande en divorce. L'auteur dont je viens de parler cite un fait à peu près analogue, et dans cette circonstance comme dans l'autre le divorce fut prononcé. Si la loi était plus prévoyante et vraiment protectrice, de pareils scandales ne se produiraient point, et l'on conserverait au mariage tout le respect dont il doit être entouré!

V

Mariages par induction.

Il est extraordinaire que des faits de cette nature ne soient pas plus fréquents, car suivant la doctrine adoptée par différentes cours, un engagement de mariage peut s'induire des circonstances seulement. « Il n'est pas nécessaire, disait un juge de l'État de New-York à un jury, qu'une promesse de mariage soit faite en termes exprès; des visites fréquentes des aparté, des expressions d'attachement, quelques présents offerts, des promenades faites ensemble, etc., sont autant de circonstances sur lesquelles on peut s'appuyer pour prouver l'existence d'un engagement de mariage ; et si ces indices sont tels qu'ils entraînent la conviction des juges, la loi n'en demande pas davantage pour établir le lien. »

Cet arbitraire d'interprétation dans une matière aussi grave, a ouvert la porte aux spéculations les plus honteuses. Des filles à marier, des veuves, répudiant la réserve qui est l'apanage de leur sexe, se mettent en quête d'hommes riches, surtout d'hommes sur le retour de l'âge, et cherchent, par des artifices plus ou moins habiles, à les attirer à elles, et à faire naître, par certaines familiarités, dont souvent elles prennent l'initiative, la pensée, dans le public, qu'un mariage doit s'ensuivre. Lorsqu'elles croient avoir accumulé assez de présomptions, elles lèvent le masque, et demandent ou le mariage ou une forte indemnité. Quelquefois, pour échapper à un scandale même immérité, on cède à cette pression machiavélique, et l'on sacrifie à sa tranquillité une somme quelconque, généralement assez élevée. Si l'on résiste, les tribunaux sont promptement saisis de l'affaire et le jury décide.

Dans ces questions qui touchent de si près

aux préjugés, aux préventions, à l'envie qui est comme l'ennemie intime de l'homme riche, le jury se laisse facilement impressionner par la voix de la femme qui se pose en victime, et l'on a vu des verdicts si monstrueux d'exagération, que c'étaient plutôt des mouvements *ab irato* que des décisions judiciaires.

Tout récemment, un cas de ce genre s'est présenté dans l'État du Missouri; et le jury, cédant à je ne sais quel entraînement, a condamné un homme riche de ce pays, poursuivi sur de simples présomptions, à payer 500 000 fr. de dommages-intérêts à une femme qui tenait une pension bourgeoise à St-Louis. L'homme victime de ce guet-apens, ne se soumit point à la condamnation, il fit appel, et des juges, plus calmes et mieux édifiés sur les précédents de la femme, annulèrent le verdict, et déchargèrent le prévenu de toute poursuite.

Un journal américain[1], modéré dans ses

1. *New-York Semi Weekly-Times*, april 6, 1860.

opinions, et jouissant d'une véritable considération, accompagne la relation de ce procès des réflexions suivantes :

« Il était temps de donner une pareille leçon (à ces sortes de femmes), car les procès pour rupture de promesses de mariage étaient devenus déplorablement (*disgustingly*), communs, partout aux États-Unis. Une demi-douzaine de lourdes condamnations semblent avoir stimulé les appétits d'un certain nombre de femmes plus ou moins jeunes, et les avoir excitées, de tous côtés, à entamer des poursuites. Il était devenu tout à fait dangereux, pour des hommes riches, d'être polis envers une femme non mariée! Nous avons confiance que maintenant ils pourront respirer un peu plus librement. »

Ce trait de mœurs est encore une importation anglaise à peu près inconnue parmi nous! Espérons que la contagion ne nous gagnera point.

Quelle étrange législation! s'agit-il de la vente du plus petit coin de terre? il faut un acte signé, scellé en présence de témoins, et enregistré dans un greffe ! S'agit-il d'un testament ? on demande davantage encore ; mais pour l'acte le plus grave de la vie, de simples indices suffisent pour prouver l'engagement pris par les parties ! comme si le mariage n'entraînait point avec lui des conséquences de fortune bien plus importantes qu'une vente et qu'un testament ! A voir cette excessive facilité de la loi pour la constitution du mariage, ne serait-on point autorisé à dire qu'elle n'a en vue qu'une promiscuité destinée à accroître la population, sans égard à la partie morale et à l'avenir de la famille ? Cette idée se fortifie encore des facilités correspondantes accordées pour le divorce, ainsi qu'on le verra plus loin.

VI

Mariages dans l'ouest.

Une des choses qui contribuent à donner beaucoup d'impulsion aux mariages impromptus et faits à la légère, c'est le développement rapide des nouveaux États de l'Union où se précipitent un grand nombre d'aventuriers qui y vont chercher la fortune, l'y trouvent ou tout au moins de l'aisance; ils ne fondent là d'abord que des colonies d'hommes, mais avec l'argent se fait sentir le besoin de la famille; et beaucoup de jeunes filles qui ont quelque éducation y recherchent un mari, non par besoin d'affection, mais poussées par l'ambition, et avec cette soif de l'inconnu qui leur fait tenter les chances de ces alliances.

Les établissements de l'ouest ont quelque chose de primitif, d'à peine civilisé, qui leur donne un cachet particulier qui attire. Quelquefois néanmoins des circonstances particulières retardent l'immigration des femmes, et l'on ne s'imagine point l'aspect de tristesse et de langueur que prennent ces contrées. Ainsi dans un des territoires qui s'étaient rapidement formés, on ne trouvait presque que des hommes, et le hasard avait voulu que les femmes ne songeassent point à venir dans cette direction; on vit alors paraître dans les journaux des articles dans lesquels ces infortunés adressaient de véritables supplications aux jeunes filles des autres États, pour leur persuader de venir partager leur existence; leur laissant la liberté du choix, et promettant des dots fort convenables et très-bien assurées. L'écho fit parvenir cette supplique en bon lieu, les compagnes si désirées arrivèrent, et bientôt le pays devint rayonnant de bonheur et de prospérité, résultat que l'argent seul avait été impuissant à produire !

La disette de femmes se fait toujours sentir

par intervalles, dans les régions de l'ouest; ainsi l'on voit en mai 1857, un journal de l'Iowa (*the Iowa Reporter*), faire un appel aussi énergique que possible, pour persuader aux femmes de tous pays de venir dans cette direction. Il dit que le dernier recensement fait en juin 1856 constatait qu'il y avait 33 640 hommes de plus que de femmes dans l'Iowa, sans compter les immigrants arrivés depuis lors (près d'une année), et ceux qu'on attendait encore. Il termine en disant : « Nous sommes à *court* de 60 000 femmes pour établir une balance égale ! » N'y a-t-il pas dans ce chiffre formidable toute une lamentation propre à toucher les cœurs même les plus indifférents ! Il en est des femmes qui immigrent dans ces contrées, comme de celles qui vont dans l'Inde anglaise et qui, quelle que soit leur situation, sont toujours sûres d'être fort recherchées, dès leur arrivée. Toutefois ce qui arrive dans l'ouest est un état purement transitoire, et ne peut servir de base d'appréciation générale.

VII

Mésalliances.

On doit penser que la grande liberté laissée aux jeunes filles américaines leur fera comprendre la responsabilité qu'entraîne leur résolution, et qu'en faisant acte de libre arbitre, elles ne blesseront aucune des convenances sociales; cependant il n'en est pas toujours ainsi. Il est quelquefois des mésalliances que le plus simple respect de soi-même repousserait, et qui se consomment cependant au grand dommage de la famille et de la morale publique.

Au sein même des républiques, il y a des inégalités de condition inévitables; elles ne résultent point de la naissance, mais de l'éducation; et si cela est vrai des rapports d'homme à homme, à combien plus forte raison cette inégalité existe, des hommes vis-à-vis des femmes. Il semble que la délicatesse de leur nature perfectionnée encore par l'éducation, doive creuser un abîme infranchissable entre elles et un homme rude et grossier, surtout au point de vue du mariage. L'on ne peut donc considérer que comme des aberrations les écarts qui se manifestent quelquefois à cette loi naturelle. Malheureusement on en trouve aux États-Unis comme nous en avons vus tout récemment, en France, et si je cite deux faits seulement de cette nature, c'est pour établir que même le pays où la famille paraît le plus protégée par l'opinion, n'est point exempt de ces malheurs domestiques. Les deux faits dont je veux parler sont identiques quoique ne se rattachant l'un à l'autre par aucun lien ; il s'agit de mariages faits en 1857, par deux jeunes personnes appartenant à des familles riches de Boston et de New-York : cédant à je ne sais quel entraînement, elles se firent enlever par des hommes de basse condition qu'elles ont épousés ensuite. L'une d'elles avait choisi le cocher de son père, l'autre le cocher d'un ami de la famille[1], ces mariages étaient malheureusement sérieux, et les parents tout en répudiant hautement de pareilles alliances, furent obligés de se soumettre à ces calamités qu'ils ne purent détourner. L'opinion publique en Amérique flétrit ces sortes d'union, mais la mère ne saurait-elle les prévenir par une sollicitude plus vigilante?

VIII

Mariages d'entraînement. — Enlèvements.

Il est d'autres circonstances où les convenances sociales, sans être aussi rudement heurtées, ont néanmoins des exigences que les parents ne veulent pas voir fouler aux

1. *Boston-News letter*, 12 septembre 1857, et *Semi weekly Tribune*, 1857.

pieds. L'une d'elles a pour cause l'abandon complet où beaucoup de mères laissent leurs filles avec un professeur d'art d'agrément; on accorde confiance à ce dernier, non pas en vue de sa moralité, mais à cause de l'art qu'il enseigne, et puis, il faut le dire, pour s'affranchir d'une heure de surveillance monotone. Dans ces communications intimes où le professeur cherche à éveiller chez l'élève le sentiment du beau, à développer son goût, ses qualités naturelles, il est si aisé de faire un appel indirect au cœur, à la vanité, aux faiblesses de toute nature! ce langage que nul autre ne lui tient, qui emprunte à l'art même un prestige séduisant, opère comme un dissolvant sur la pureté de l'élève et la conduit quelquefois à une faute. En pareille occasion, comme en toute circonstance où il y a un trop grand froissement, les parents entrent en lutte avec leur fille, mais presque toujours trop tard, et si la résistance ne cesse promptement, un enlèvement a lieu.

Ces sortes de scandales sont rares, mais

point assez peut-être, et la preuve s'en trouve dans les journaux de chaque État. L'un d'eux disait que « la manie de l'enlèvement était devenue intermittente, quelquefois à l'état d'épidémie passagère; et qu'il semblait qu'il y eût des saisons où elle sévissait davantage. »

Mais ce qui est regrettable à dire, c'est que quelquefois ces enlèvements n'ont aucun prétexte appréciable; souvent il n'aurait fallu qu'un peu de longanimité, un peu d'insistance pour obtenir l'assentiment des parents. On n'attend pas un refus, on ne hasarde même pas une demande d'approbation, et l'enlèvement a lieu. C'est une excentricité qui paraît donner bon air à la jeune fille qui s'y abandonne, et la met presque à la mode. Dans cette vie d'affaires où chaque jour ressemble à celui qui le précède et à celui qui le suit, où les distractions sont peu de chose, on dirait que certaines natures se sentent vivre davantage en secouant cette atmosphère pesante qui les environne, pour s'élever dans des régions inaccessibles au vulgaire, où elles s'épanouissent, mais d'où elles retombent bien vite dans la prosaïque réalité. Dans tout ceci il n'y a point de place pour la passion, pas plus que pour la liberté d'action ; ni l'une ni l'autre ne sont en jeu. C'est une simple fantaisie, un caprice auquel on sacrifie son honneur, la tranquillité de sa famille, et tout l'avenir qui a souvent pour horizon un divorce.

Quand l'opinion n'a point la force de réagir assez efficacement sur ces mœurs, les natures même les plus pures paraissent s'habituer à ne plus considérer les faits qui viennent d'être mentionnés que comme de simples accidents de la vie, auxquels le temps viendra peut-être donner raison un jour. C'est le hasard qui décidera finalement de la moralité de l'action. On raconte qu'une jeune personne fort bien élevée d'ailleurs et appartenant à une excellente famille, avait une sœur qui fut enlevée par un homme riche. L'enlèvement eut un plein succès : un mariage s'ensuivit, ce fut une sorte de consolation pour les parents. Quand la jeune sœur apprit cette bonne nouvelle, elle alla en faire part à une dame de sa connaissance, comme d'un événement heureux, puisqu'il régularisait une position compromise. La dame dit : qu'effectivement il fallait se féliciter de ce résultat, d'autant plus que la famille et la fortune du mari paraissaient être dans des conditions sortables. « Voyez, ajouta-t-elle, le danger de pareilles situations ! — Ah ! oui, répliqua la jeune fille, cela ne réussit pas toujours ! »

Quelle effrayante naïveté !

J'ai hâte de dire que ces excentricités n'atteignent que bien rarement les anciennes familles dans lesquelles se trouvent les bonnes traditions que la mère sait inculquer à ses enfants, et qui se conservent comme un précieux héritage. Mais tant de fortunes nouvelles se font rapidement dans ce pays de merveilles, qu'il y a un vaste champ ouvert à tous les désordres, même à ceux qui devraient le moins franchir le seuil du foyer domestique. Et puis l'élément étranger qui vient successivement se glisser dans la société américaine ne contribue point à l'épurer; tout au contraire; et si l'on en croit de bons esprits dégagés de préoccupations, la nation n'a dévié de la voie où elle était placée lors de la plus belle période de son histoire, que depuis que l'émigration étrangère est venue par grandes masses modifier les conditions civiles et politiques de son existence.

IX

Tendances aristocratiques.

Par opposition aux mariages mal assortis, et qui choquent ouvertement les convenances sociales, il faut mentionner un des traits caractéristiques des dispositions conjugales de la jeune Américaine. Son extrême ambition est d'épouser un homme titré. C'est une faiblesse qui a gagné toutes les conditions et à laquelle on sacrifie tout. Aussi n'est-il pas d'Européen, si peu recommandé qu'il soit, porteur d'un titre nobiliaire même douteux, qui, en allant aux États-Unis, ne soit certain d'y faire un riche mariage après quelque séjour. Il est surprenant de voir combien de bourgeons aristocratiques donne cette pousse républicaine ! Et ce ne sont pas toujours les meilleurs.

Il est, à coup sûr, des hommes assez heureusement doués pour ajouter par leurs qualités personnelles, au titre qu'ils ont reçu de leurs ancêtres, et rien n'est plus louable que de rechercher leur alliance; mais telle n'est pas généralement la préoccupation de l'Américaine : le titre, voilà ce à quoi elle aspire avant tout, le surplus est de moindre conséquence. Mettez en présence deux hommes dont l'un ne vaudra que par son titre nobiliaire, et l'autre, un homme distingué dans les sciences, dans les lettres, dans l'industrie; le choix de la jeune Américaine ne sera pas douteux. Elle a par avance les yeux fixés sur le billet de part de son mariage, où son titre de baronne, de comtesse ou de marquise s'étalera pour la première fois en gros caractères; puis ses cartes de visites lui en feront chaque jour l'hommage; enfin elle s'entendra annoncer comme femme de qualité dans les salons, ce qui lui vaudra une mélodie où sa vanité se sentira mollement bercée. Et, chose assez piquante! ses amies elles-mêmes se féliciteront de cette union comme d'une conquête faite par leur petit cercle qui prendra sa part de l'anoblissement. Ce n'est point là qu'on trouvera la base solide de la démocratie!

X

La loi favorise la fraude.

On a vu à quel point la loi est imprévoyante, en fait de garanties, pour conserver au mariage son véritable caractère, laissant le pas à l'individu sur la société, au lieu de combiner ces deux intérêts pour leur avantage commun; mais un crime consommé à New-York en 1857 a fait ressortir cette vérité, en prouvant que non-seulement là loi est imprévoyante, mais que, de plus, elle est complice de grands forfaits. Voici les circonstances principales de l'affaire:

Un médecin, du nom de Burdell, vivait dans une maison lui appartenant, à New-York, à deux pas de la voie la plus fréquentée. Il faisait son habitation au rez-de-chaussée; à l'étage supérieur demeurait une femme appelée Cuningham, avec laquelle on prétendait que Burdell avait eu une liaison. Elle recevait quelques personnes, notamment un nommé Eckel qu'on supposait avoir remplacé Burdell dans son intimité. Le médecin avait été vivement et souvent sollicité par elle pour l'épouser, mais il refusa toujours. Cependant, comme il possédait, dit-on, de trois à quatre cent mille francs de fortune, on prétendit que la femme Cuningham avait formé le dessein de l'assassiner et de s'assurer préalablement des droits à sa succession. Comme tout ce qui a trait au meurtre n'a point été juridiquement prouvé, je ne peux que rapporter les faits tels que l'accusation les lui a imputés.

Suivant l'accusation, la femme Cuningham

serait allée, un soir, avec un homme qu'on supposa être Eckel, chez un ministre protestant tout à fait obscur dont ils n'étaient point connus. L'homme avait une fausse barbe pour mieux se déguiser, il déclara s'appeler Burdell, et tous deux demandèrent à être unis par le mariage. Il n'y avait d'autre témoin qu'une jeune fille de la femme Cuningham. Le ministre, sans prendre aucune information sur l'identité des parties, les maria en quelques minutes sous les noms à lui déclarés. Aucun acte de mariage ne fut dressé, par conséquent aucune signature donnée, aucune trace, en un mot, ne resta de cet acte coupable, si ce n'est le certificat que les prétendus époux se firent délivrer par le complaisant ministre, attestant la célébration du mariage. Tout cela resta secret dans la maison.

Deux à trois mois après, la ville de New-York fut éveillée comme par un coup de tonnerre, à la nouvelle de l'assassinat commis sur la personne de Burdell, dans son cabinet, un soir du mois de janvier. Sur les premiers soupçons, la femme Cuningham et Eckel furent arrêtés et mis au secret; on procéda aux enquêtes nécessaires, mais la lumière ne se fit point, et la femme Cuningham et Eckel furent relâchés et déchargés de la poursuite.

Si les choses en fussent restées là, on ne verrait pas l'intérêt du crime, car tout au plus le mariage aurait créé un droit de douaire à la femme Cuningham, ce qui était relativement peu important; mais le mariage était nécessaire pour simuler une grossesse qui devait donner un héritier à l'infortuné Burdell. Effectivement, la grossesse fut annoncée et un faux accouchement fut préparé; mais grâce à des mesures habilement prises, la fausse grossesse et le faux accouchement furent établis et juridiquement prouvés; en sorte que le crime commis sur Burdell resta stérile pour ses présumés auteurs.

Supposez un instant le mariage américain environné des mêmes formalités et des mêmes garanties que celles exigées en France, et l'on aurait certainement empêché cet assassinat. Qu'on exige des publications de bans dans un local officiel de la paroisse; qu'on s'assure de l'identité des parties ; qu'on donne l'authenticité à la célébration par le concours de témoins majeurs et résidents ; que cette célébration ait lieu en plein jour et non le soir, dans la maison commune ; qu'on reçoive la signature des parties et des témoins, et qu'on garde minute de l'acte dans les archives. Que tout cela soit observé, et la pensée même du crime ne naîtra dans l'esprit de qui que ce soit !

XI

Condition de la femme américaine. — Révolte contre la loi du mariage.

Ce n'est pas seulement la loi qui préside à la formation du mariage, qui est vulnérable, c'est aussi celle qui règle les rapports et les intérêts des époux entre eux. On a peine à s'expliquer que la femme passe subitement, et sans transition, d'un état d'indépendance absolue, à une dépendance complète vis-à-vis de son mari, et soit frappée d'incapacités civiles telles, qu'elle est presque sur la même ligne que les mineurs et les interdits ; c'est un contre-sens choquant avec l'intelligence qu'on lui suppose avant le mariage. On verra plus loin quelles sont ces incapacités civiles. Cette législation surannée vient d'Angleterre, d'où elle a été importée par les premiers colons, et on l'a conservée, comme si l'on pouvait, avec de vieux matériaux usés, construire une société nouvelle dont l'esprit répugne aux motifs qui l'ont dictée. Et tant est grande la force des précédents, que le progrès des mœurs n'a amené jusqu'à présent que peu ou point de modifications à ce régime !

Voici quelques-uns des points les plus choquants de cette législation :

1° Tous les biens mobiliers appartenant à la femme et par elle apportés en mariage, deviennent la propriété du mari, à moins qu'une réserve spéciale n'ait été faite pour prévenir ce résultat ;

2° La femme mariée ne peut rien posséder

en son nom : ses biens sont placés sous le nom de son mari ou de fidéicommissaires étrangers;

3° Tout ce qu'elle peut acquérir par son industrie devient la propriété de son mari.

4° Elle n'a pas le droit de tester;

5° A sa mort, son mari a, sur ses biens, des droits de jouissance et autres, plus étendus que ceux que la loi lui accorde, à elle, sur les biens de son mari, etc., etc.

Les priviléges excessifs assurés à ce dernier sont une anomalie dans un pays démocratique; ils ne peuvent se justifier par aucune raison plausible, si ce n'est la force de la tradition qui pèse plus qu'on ne pense sur les esprits même les plus intelligents. A part quelques États qui sont entrés timidement dans une voie de réforme sur cette matière, le plus grand nombre d'entre eux opposent une résistance invincible à toute innovation. L'on va en juger par les deux faits que je vais rapporter :

En 1857, la législature de l'État de Delaware fut saisie d'une proposition ayant pour but d'autoriser les femmes mariées à posséder des propriétés sous leur nom personnel, sans rien retrancher de l'autorité maritale; mais cette proposition fut énergiquement combattue et finalement repoussée. Il ne s'agissait, on le voit, que d'appeler la femme mariée à la vie civile, sans lui donner aucune faculté de disposer; mais la seule pensée de réforme fit échouer cette juste demande.

Voici un autre exemple pris dans l'un des États les plus intelligents et le plus avancés de l'Union[1] :

Dans la session de 1857, la législature du Massachusetts, siégeant à Boston, eut à s'occuper d'une proposition dont l'objet était d'accorder à la femme veuve, des droits de survie plus étendus que ceux qui lui étaient reconnus par la loi, de manière à la mettre sur un pied d'égalité, ou à peu près, avec son mari, lors que celui-ci se trouvait survivre à sa femme. Il n'y avait là ni privilége ni droit exorbitant, et cependant cette proposition, vivement combat-

1. Voy. *The Boston Post*, 28 avril 1857.

tue, fut écartée. L'un des sénateurs fit valoir, comme motif de son opposition, que les femmes avaient déjà trop de propension à se débarrasser de leurs maris, sans qu'on cherchât à donner un aliment de plus à cette prédisposition. Ce sénateur faisait allusion à certains crimes commis peu de temps auparavant par des femmes sur leurs maris, crimes qu'on imputait à des convoitises de succession.

On a peine à comprendre que des raisons de cette nature fassent impression sur des corps politiques qui doivent voir les choses de haut. De pareils crimes ne sont jamais que de très-rares exceptions; et en tous cas ils ne peuvent être mis à la charge exclusive des femmes qui sont généralement moins accessibles que les hommes à des considérations d'intérêt.

Ces résistances législatives à des demandes justes et modérées irritent les désirs de réforme et provoquent à la rébellion et au mépris de la loi.

Depuis quelques années déjà il s'est formé aux États-Unis, une phalange d'esprits forts féminins, qui prétendent que la femme est opprimée là comme en Angleterre, et qui veulent secouer le joug et obtenir des changements importants dans la législation. Pour arriver à leurs fins, elles font de l'agitation, elles tiennent des meetings, elles écrivent dans les journaux, elles envoient des pétitions aux législatures, même des députations; elles communiquent avec les comités, et y défendent chaleureusement les prétentions dont elles espèrent le succès. Elles ont échoué jusqu'à présent dans leurs tentatives radicales, mais on peut être assuré que tant qu'elles n'auront point obtenu un résultat signalé, l'agitation continuera. L'on va voir par un seul fait jusqu'où est porté le fanatisme de ces réformateurs du sexe le plus faible.

L'une d'elles, femme fort intelligente d'ailleurs, Mme Lucy Stone, très-connue dans le monde abolitioniste, se maria en mai 1855, dans le Massachusetts; elle épousa l'un des chefs de ce parti. Leur mariage fut célébré par le révérend T. W. Higginsen de Worcester; et dans l'acte dressé à cet effet, les contractants protestèrent contre les lois de l'État concernant le mariage. Cette protestation, fort curieuse, est ainsi conçue :

« Tandis que nous reconnaissons ici notre affection mutuelle, en nous engageant publiquement, dans les rapports sacrés de mari et de femme, la considération de ce que nous nous devons à nous-mêmes et à un grand principe, nous fait regarder comme un devoir de déclarer que cet acte, de notre part, n'implique aucune soumission ni aucune promesse d'obéissance aux lois actuelles qui concernent le mariage, en ce qu'elles refusent de reconnaître la femme comme un être indépendant et raisonnable ; et qu'en même temps elles confèrent au mari une supériorité contraire à la nature, et injurieuse, l'investissant de tous les pouvoirs légaux qu'aucun homme honorable ne voudrait exercer, et qu'aucun homme ne devrait jamais posséder.

« Nous protestons spécialement contre les lois qui donnent au mari, 1° la garde de la personne de sa femme ; 2° la garde et la surveillance exclusive des enfants ; 3° la propriété des biens mobiliers de sa femme, et la jouissance de ses immeubles, à moins que le contraire n'ait été stipulé, ou à moins qu'on n'ait placé ces biens dans les mains de fidéicommissaires, ainsi que cela se pratique pour des mineurs, des aliénés ou des idiots ; 4° le droit absolu à tout le produit de l'industrie de la femme.

« Nous protestons aussi contre les lois qui donnent au mari devenu veuf, un intérêt plus grand et plus durable sur les propriétés de sa femme décédée, qu'elle n'en donne à la femme devenue veuve sur les biens de son mari.

« Finalement nous protestons contre tout le système de législation en vertu duquel l'existence légale de la femme est suspendue durant le mariage, à ce point que, dans la plupart des États, elle n'a aucune part dans le choix de sa résidence, elle ne peut faire un testament ni ester en justice ou y défendre en son nom, ni recueillir aucune succession.

« Nous croyons que l'indépendance personnelle et que l'égalité des droits de tous ne peuvent être sacrifiés, excepté en cas de crime ; que le mariage doit être une association sur un pied d'égalité permanente, et, comme telle, reconnue par la loi; et que jusqu'à ce que ces principes soient consacrés, les époux doivent, par tous les moyens en leur pouvoir, échapper à l'injustice des lois actuelles.

« Nous croyons que, quand des difficultés domestiques viennent à s'élever, aucun recours ne doit avoir lieu aux tribunaux créés sous les lois existantes; qu'il convient, au contraire, de les soumettre à des arbitres choisis amiablement de part et d'autre.

« Obéissant à la loi ainsi expliquée, nous consignons ici notre protestation contre tous règlements et coutumes qui ne sont pas dignes de ce nom, car ils violent la justice et l'essence de toute loi[1]. »

1. *New-York Tribune*, 4 mai 1855.

XII

Protestation contre la loi par le pasteur célébrant.

En faisant abstraction de la protestation que je viens de transcrire, et en ne tenant compte que des griefs articulés, on ne peut s'empêcher de reconnaître qu'il n'y en ait plusieurs auxquels les législatures de tous les États devraient faire droit, comme étant en harmonie avec l'esprit du temps, et surtout avec les mœurs de la société aux États-Unis. Mais ce qui ne se peut admettre, c'est la protestation elle-même. Je reconnais que cette forme de procéder est fort rare et tout excentrique, mais elle a et elle aura des imitateurs, dans les États de l'est surtout, où le besoin d'innover est presque une maladie endémique. On peut avoir pour garant de la propagande de cet esprit de résistance à la loi, une lettre écrite à un directeur de journal par le ministre même qui a célébré le mariage de Mme Stone, et qui a été rendue publique dans le journal appelé *Worcester Spy*, qui se publie dans le Massachusetts ; voici le texte de cette lettre :

« Je ne célèbre jamais la cérémonie du mariage sans ressentir chaque fois, l'iniquité de notre système de législation en cette matière, système d'après lequel le mari et la femme ne font qu'un, et cette unité est le mari. Aussi c'est avec mon cordial concours que la protestation ci-dessus a été rédigée, lue et signée, comme partie intégrante de la cérémonie du mariage; je vous l'envoie pour que d'autres personnes soient engagées à agir de même[1]. »

Nous n'avons, en France, aucune idée de cette révolte ouverte contre la loi, encouragée et consacrée par celui-là même qui a mission de l'appliquer et de la défendre. Nous reconnaissons trop la puissance de son autorité, tant qu'elle n'est point rapportée, pour ne pas nous y soumettre. Aux États-Unis, l'indépen-

1. Voy. *The Boston Traveller* et *the New-York Tribune*, du 4 mai 1855.

dance personnelle pratique les choses autrement, et les révoltes contre la loi ne sont pas rares. N'est-ce point le cas de dire avec lord Carlisle : « L'Amérique, c'est l'anarchie, plus un constable ? »

XIII

Considérations sur les successions. Droits des femmes.

Les Américains, tout en adoptant la loi commune d'Angleterre comme base de leur droit civil, ont cependant répudié quelques dispositions qui répugnaient trop à l'esprit de leurs institutions politiques ; c'est ainsi qu'ils ont aboli les droits de primogéniture, et toute espèce de distinction entre les enfants des deux sexes, pour le partage des successions de leurs parents. Sous ce rapport, la femme américaine, plus heureuse que l'anglaise, recueille une part égale à celle de ses frères dans l'héritage paternel.

Il est vrai qu'on a conservé aux pères et mères le droit de disposer de toute leur fortune, au préjudice de leurs enfants, et de favoriser ouvertement les uns au détriment des autres, dans des proportions indéterminées; mais l'opinion publique est tellement hostile à toute mesure de cette nature, qu'il est bien rare que des parents fassent de pareilles dispositions, ou que celui des enfants en faveur de qui elles seraient faites, se décide à s'en prévaloir. Ne vaudrait-il pas mieux, quand une loi blesse l'opinion, lui en faire le sacrifice, que de laisser aux faiblesses humaines la tentation de s'en servir?

Mais une idée domine, dans l'esprit de l'Américain, et elle atténue beaucoup la portée de ces considérations, à ses yeux, au moins. Ainsi la grande instabilité qui, jusqu'à présent, a empêché beaucoup de fortunes de prendre racine, fait comprendre à chacun qu'il doit être l'artisan de sa propre situation, sans trop compter sur les ressources que lui laisseront ses parents. Les successions, ce qu'on appelle en France de cette locution indigne : *les espérances*, sont aux États-Unis reléguées tout à fait dans les futurs contingents. Aussi voit-on, dans ce pays, bien peu de gens oisifs; chacun remplit sa tâche et semble s'y complaire. C'est un avantage réel qu'a l'Amérique sur la France où l'on rencontre nombre de jeunes gens des classes élevées, même de celles qui ne comptent pas encore une génération, se refusant à tout travail honorable, et dissipant à l'avance le patrimoine de famille, comme si l'aiguille qui doit marquer le moment de leur prise de possession était trop lente à marcher!

On voit par tout ce qui précède, que si la condition de l'Américaine laisse beaucoup à désirer en tant que femme mariée, il n'en est pas de même vis-à-vis de ses frères avec lesquels elle est sur un pied d'égalité parfaite.

XIV

La famille et ses déviations dans le nord.

Maintenant que l'on a vu comment se contracte le mariage, il reste à dire comment il se pratique.

L'Américain, je devrais dire plus spécialement le Yankee[1], élevé dans le giron de la famille, a connu, jeune encore, les joies du foyer domestique, il a contracté des habitudes régulières qui préparent merveilleusement aux luttes de la vie. Il connaît la sainteté du lien conjugal, il s'y engage de bonne heure, il n'en décline aucun des devoirs; mais quoi qu'il fasse, sa femme n'est jamais la confidente de ses pensées intimes et sé-

1. On sait que ce mot Yankee est une corruption faite par les Indiens d'Amérique du nom français : *Anglais*.

rieuses. Chez un autre le cœur déborderait dans les situations graves et pénibles : chez lui, au contraire, il se ferme hermétiquement. Est-ce du stoïcisme? Non; il est très impressionnable et fort peu résigné. Est-ce un masque dont il couvre une peine réelle qu'il ne veut pas laisser soupçonner? Sa fierté naturelle peut le faire supposer. Plein d'égards, d'ailleurs, pour sa femme, il la considère moins comme la compagne de ses bons et de ses mauvais jours, que comme le premier de ses enfants, comme celui qu'il aime le plus. Il ne manque pas de lui donner des marques de son attachement pendant le peu de temps que lui laissent les affaires de la commune, de la paroisse, du comté, de l'État, de l'Union, et surtout ses affaires personnelles. Ses épanchements ne sont que des accidents fugitifs de sa vie, et si l'on pouvait lire dans sa pensée, l'on y verrait toujours un coin réservé aux spéculations de toute nature, même dans ces moments suprêmes où l'homme paraît s'oublier lui-même.

La femme américaine est généralement attachée à son mari, au père de ses enfants; elle le paye de soins et d'attentions; elle a la probité de sa position, c'est-à-dire qu'elle garde généralement la foi jurée. Cela tient à deux causes : ses principes d'abord, puis la vie retirée qu'assez souvent elle est obligée de mener. Elle se consacre surtout aux soins du ménage, et la tâche est assez rude, dans un pays où l'indépendance est telle, que le serviteur tranche du maître et met parfois son caprice à la place de son devoir. Il y a plus : ce serviteur étant presque toujours Irlandais, l'antagonisme de race se fait sentir, et le Celte trouve un secret plaisir à obliger ses maîtres américains à prendre sa place, en les quittant instantanément.

C'est là un des tristes côtés de la vie de famille, qui tend à la compromettre et à lui faire perdre tous ses avantages. Aussi, pour échapper à toutes ces tribulations, voit-on un certain nombre de ménages, dans les grandes villes, s'installer dans des hôtels ou des pensions, véritables caravansérails où l'on vit un peu pêle-mêle, avec une apparence de luxe et de représentation. C'est une grande épreuve pour la femme; car, dégagée de toute préoccupation, elle désapprend la vie de famille, elle contracte de fâcheuses habitudes d'imprévoyance, quelquefois de dangereuses liaisons; et le mari comme les enfants, cessant d'avoir un centre réel de réunion, et distraits d'ailleurs par cette existence aux mille faces, s'éloignent en sens divers, et il ne reste de la famille que le nom; la signification vraie en est complétement perdue. Quant aux époux qui ont réellement un intérieur, leur existence peut se diviser en deux parts : l'une se passe, l'hiver, à la ville, c'est vraiment le *Home* américain. Mais l'été, les choses prennent un tout autre aspect.

Il s'est introduit dans les mœurs un goût de villégiature qui tend à modifier complétement la famille, à peu près à l'instar de ce que j'ai dit plus haut. Toutes les femmes éprouvent le besoin, au commencement de l'été, d'aller prendre résidence dans un de ces nombreux et immenses hôtels qu'on trouve aux bains de mer, aux eaux, partout où il y a un attrait particulier pour les visiteurs. Là on mène presque chaque jour une vie de dissipation et de fêtes; l'orgueil et le ridicule s'étalent à grands frais; c'est la foire aux vanités dont parle Thackeray. On savoure cette vie animée qui met chacun et à chaque instant en représentation, d'autant plus peut-être que l'existence d'hiver a été plus triste et plus monotone. Le mari reste à la ville pour veiller à ses intérêts, pour s'occuper de politique, et il ne vient retrouver sa femme que par intervalles, à peu près comme on fait un acte conservatoire pour interrompre une prescription. Des enfants élevés dans ce milieu, surtout de jeunes filles, ne peuvent prendre la vie au sérieux ni concevoir l'idée du devoir. La dissipation, voilà ce qui leur sourit, et dans cet entraînement général, les jeunes personnes ne s'occupent que de luxe, de fêtes, de *flirtation;* et les jeunes gens s'abandonnent aisément à de fâcheuses habitudes, dont la plus fréquente est de boire avec excès.

XV

Existence de la famille dans le sud.

La vie d'intérieur, au sud, reçoit une modification en ce sens que le service est fait par des esclaves, dont on n'a point à craindre le départ instantané. Il n'y a pas nécessité de recourir à la vie d'hôtel, et cependant, la session du congrès, les sessions des législatures d'États, déterminent un certain nombre de familles à vivre de cette vie au pied levé, qui affranchit les femmes de toute sollicitude, et offre une occasion de distractions et de plaisirs. La Nouvelle-Orléans, à cause de son climat et du charme de la société; Washington, comme étant le point de réunion des hommes politiques pendant la session, ont surtout le privilége d'attirer beaucoup de visiteurs. Quant à l'existence d'été, c'est une large émigration, rendue nécessaire par l'intensité de la chaleur, et qui a pour autre raison encore le besoin qu'éprouve tout Américain d'avoir une existence excitée.

Les mœurs de famille sont généralement bonnes chez la femme du sud; mais l'esclavage, qui multiplie les serviteurs des deux sexes, exerce une influence fâcheuse parfois sur les hommes, et l'éducation ne suffit pas toujours à la maîtriser. C'est une mauvaise école pour les enfants blancs qui vivent au milieu de ces serviteurs dégradés; ce contact ne peut que leur nuire.

XVI

Emigration à l'intérieur. — Dispersion des familles.

Un fait important pèse sur les familles au nord comme au sud, et il affectera longtemps encore certaines parties de l'Union, car il se lie intimement au développement des contrées non encore exploitées du vaste continent américain. La plupart des États, surtout ceux qui composent la Nouvelle-Angleterre, envoient chaque année, dans l'ouest, des émigrants pris dans leur propre sein. Ce ne sont autres, bien souvent, que des jeunes gens doués d'une grande activité et qui, ne pouvant trouver dans le pays qui les a vus naître des moyens d'existence convenables, et stimulés d'ailleurs par l'ambition, quittent le foyer domestique, et vont tenter au loin les hasards de la fortune.

Lorsque cette émigration paraît s'élargir, les organes locaux de l'opinion publique s'émeuvent, ils font entendre les doléances de la communauté, et tâchent d'enrayer cette dépopulation qui frappe dans tous les rangs, mais principalement dans la classe laborieuse. Un journal religieux de New-York[1] faisait ressortir naguère les principales conséquences de ce fait intéressant, et il disait qu'il affec-

1. *The New-York weekly Examiner.* January, 22. 1857.

tait à un haut degré la famille, la religion, le sacerdoce, l'agriculture, etc., tout ce qui, en un mot, forme la base de l'édifice social.

Je me bornerai ici à préciser l'objet de ces plaintes, en disant que les conséquences les plus immédiates de cette émigration sont la dispersion des membres de la même famille, et par suite la perte des bonnes traditions; la disparition de la partie la plus vigoureuse et la plus énergique de la population locale, ce qui doit entraîner avec le temps l'abâtardissement de la race; la grande disproportion qui s'établit localement entre les deux sexes, et comme résultat, un plus grand nombre de femmes gardant le célibat; la nécessité de faire appel à l'émigration européenne pour combler les vides et donner au travail les bras qui lui deviennent nécessaires. Mais cet auxiliaire lui-même n'est pas sans inconvénient, car son concours pourra dénaturer un jour le caractère primitif du peuple. Tel est, en raccourci, l'ensemble des résultats de l'émigration intérieure, résultats qui, suivant les circonstances, peuvent en être le dissolvant le plus actif.

XVII

Éducation de la famille américaine.

« Que faut-il donc, demandait Napoléon à Mme Campan, pour bien élever la jeunesse française ? — Des mères, » répondit-elle.

Où pourra-t-on en trouver encore aux États-Unis, si cette déplorable vie flottante continue ? Il ne suffit pas qu'une mère s'occupe du développement physique de ses enfants, ce n'est là que l'ombre de la maternité. Il faut encore et par-dessus tout qu'elle veille à leur instruction, et que par elle-même elle fasse, autant que possible, leur éducation, branche tout à fait à part dans l'étude de la vie. L'éducation consistera à ouvrir le cœur des enfants aux sentiments généreux, élevés ; à leur faire pratiquer la religion, et surtout à leur faire comprendre l'esprit qui vivifie les pratiques; elle leur inculquera l'idée du devoir, de la résignation, du sacrifice, de tout ce qui, en un mot, trempe fortement l'homme, en l'obligeant à réfléchir et à se replier sur lui-même pour lutter, avec succès, contre les épreuves de la vie.

Que l'on consulte les chefs d'institution, et ils répondront que le père de famille s'occupe peu de l'éducation de ses enfants, il n'en a guère le loisir. Quant à la mère, sa volonté se laisse promptement subjuguer par la leur, soit qu'elle n'apporte à l'accomplissement de son devoir qu'une attention distraite, soit que l'indépendance que contractent si facilement ses enfants, lui oppose un obstacle invincible. Les professeurs perdent alors leur véritable point d'appui, ils n'ont plus qu'un fantôme d'autorité; car dès qu'ils voudraient se montrer sévères ou rigoureux, ce jour-là ils perdraient infailliblement leur élève.

Je n'entends point parler ici de l'instruction universitaire qui rentre dans un autre ordre d'idées, et ne s'applique qu'à un nombre restreint de jeunes gens, comparativement à la masse.

Mais en fait d'instruction primaire et secondaire, l'âge moyen auquel les élèves quittent leurs études est de douze à quatorze ans environ. Que peuvent-ils savoir, à cet âge? et que vont-ils devenir, au sortir des écoles? Ils prennent position chez un avocat, chez un banquier, ou dans le commerce; ils ne tardent pas à recevoir deux à trois mille francs d'appointements, et dès lors ils ont une indépendance effective qui les fait échapper au contrôle de leurs parents. C'est là un des traits des mœurs nouvelles. En quoi la société y gagnera-t-elle? Il y a heureusement bon nombre de familles qu'une partie de ces travers n'ont pas encore atteintes, et qui se reconnaîtront dans l'esquisse que j'ai faite plus haut. Mais le mal gagne, et comme l'idée d'affaires, d'argent et de vitesse prédomine, le danger est sérieux.

Quant à l'éducation des jeunes filles, on paraît y donner plus de soin, soit que les mères se sentent plus compétentes pour y veiller, soit que les institutrices sachent donner plus d'attrait aux études dont elles sont chargées. Et à ce propos, qu'il me soit permis de payer un tribut d'éloges bien justifiés aux dames françaises qui ont établi aux États-Unis des maisons d'éducation; leurs méthodes d'enseignement me paraissent supérieures aux méthodes américaines, et de plus elles savent donner aux jeunes filles confiées à leur direction ce ton de bonne compagnie qui se fait apprécier. Les dames de New-York, de Philadelphie, de Baltimore, de la Nouvelle-Orléans et d'autres villes encore, qui ont été élevées à cette école, ou qui s'en sont inspirées, ont, dans leurs manières, quelque chose qui révèle la source où elles ont puisé.

Les idées ne paraissent pas suffisamment bien assises en Amérique sur la portée à donner à l'éducation des femmes. Souvent cette éducation est superficielle; d'autres fois elle comprend la langue latine, les mathématiques, la trigonométrie, l'algèbre, etc. J'ai quelquefois demandé à des chefs d'institution pourquoi l'on faisait entrer dans le cercle de ces études les sciences exactes, et il m'a été généralement répondu que le but qu'on se proposait était de contre-balancer la légèreté d'esprit naturelle à la femme, bien plus que d'augmenter la dose de son savoir. J'ai peine à croire au succès de ce correctif, si tant est qu'il soit utile de faire une expérience de ce genre : tout ce qui n'est que passager, surtout en fait de choses arides, ne laisse point de traces durables, et l'on court risque de gâter le naturel en voulant trop le pétrir.

XVIII

Réformes pour la condition de la femme américaine.

Cependant si, généralement, le système d'éducation des femmes est contenu dans de justes limites, il est des réformateurs féminins dont les aspirations ambitieuses voudraient que le champ en fût étendu indéfiniment. On a vu plus haut, qu'il y a aux États-Unis des femmes qui sont tourmentées de la soif des réformes en ce qui concerne leur sexe, et qui voudraient jouir non-seulement des mêmes droits civils, mais encore des mêmes droits politiques que les hommes de leur pays. Elles veulent devenir citoyens américains, avec droit de vote dans les élections, devenir membres du parlement, être nommées aux offices publics, que sais-je? devenir peut-être présidentes de l'Union! D'autres, moins ambitieuses, demandent seulement l'accès aux cours publics des écoles de droit, de médecine et de théologie, avec possibilité d'obtenir des diplômes, et droit d'exercer comme avocats, comme médecins, et comme ministres du culte.

On peut être assuré à l'avance, que la plupart de ces prétentions, qui sont exorbitantes, rencontreront une résistance invincible, chaque fois et aussi longtemps qu'elles se produiront. Plus modestes, et mieux appropriées à notre état social, les demandes des femmes ne tarderaient pas, sans doute, à recevoir, dans les législatures, l'accueil qui leur serait dû, car, de l'aveu des hommes éclairés, aucune raison valable n'existe pour refuser aujourd'hui à la femme les droits civils dont elle jouit en France.

On va voir le chemin qu'a déjà fait la réforme, en dehors du cercle restreint dont je viens de parler; ce sont autant de faits qui se glissent dans la société et n'attendent que le nombre pour se faire consacrer comme principes.

XIX

La femme médecin.

Dans la voie professionnelle, les femmes n'ont pas eu un égal succès quand elles ont voulu entrer en lutte avec l'opinion ou avec ce qu'elles appellent le préjugé. Ainsi jusqu'à présent, du moins, elles n'ont point réussi à forcer l'entrée des écoles de droit et à se faire accepter comme avocats à la barre des tribunaux, malgré les efforts qu'elles ont tentés de divers côtés pour atteindre cet important résultat. Mais l'insuccès d'aujourd'hui ne préjuge pas l'insuccès du lendemain, et il se pourrait que dans l'un des 33 États de l'Union, surtout dans les pays neufs, il se trouvât un comté où quelques hommes amoureux des innovations voulussent essayer celle-là; et qui sait si le nouveau monde n'est point destiné à faire éclore je ne dirai pas un Démosthènes, mais au moins un Cicéron féminin?

Quant à la médecine, les tentatives ont été plus heureuses, quoique là encore les succès ne soient que partiels; mais ils sont tout à fait encourageants. Ainsi on a créé, pour les femmes, une école spéciale de médecine à Boston, et une autre à Philadelphie. Celle de Boston reçoit des secours de la législature et des citoyens; celle de Philadelphie ne se soutient que par les offrandes des partisans de cette nouveauté. En outre, les écoles de médecine de Syracuse (New-York), et de Cincinnati (Ohio) admettent les élèves du sexe féminin aux cours réguliers d'études de ces facultés. J'ajoute qu'un certain nombre de femmes déjà ont pris leurs degrés et exercent la médecine dans plusieurs parties de l'Union.

Ces résultats, quelque limités qu'ils soient, sont d'un bon présage pour l'avenir, si les femmes qui entreprennent cette carrière ne l'abordent qu'avec une instruction première, solide; et si elles ne se hâtent pas trop de se jeter dans la pratique, avant d'avoir acquis dans les hôpitaux, l'expérience qui seule, peut commander pour elles un succès légitime et durable.

La médecine est, du reste, la seule branche scientifique et pratique à la fois, où des esprits non prévenus puissent admettre la coopération de sujets féminins. Il est des circonstances assez nombreuses où les souffrances physiques des femmes réclament pour premières confidentes des personnes de leur sexe. Il est des douleurs que la pudeur de la femme se résigne difficilement à confier à un médecin; elle souffre longtemps avant de prendre ce parti, et quelquefois, lorsqu'elle s'y résigne, il est trop tard. Si au contraire elle avait pu, dès l'abord, s'adresser à une femme professionnelle expérimentée, elle eût pu trouver un soulagement à des maux que des soins donnés à temps auraient guéris.

Toutefois ces raisons peuvent n'être pas suffisamment déterminantes dans l'esprit du plus grand nombre, et le mieux est d'attendre de l'expérience commencée, des enseignements qui décideront de l'avenir de la tentative.

XX

La femme ministre du culte.

S'il est des femmes qui se croient appelées à donner, dans la voie professionnelle, du soulagement aux maux physiques, combien plus grand est le nombre de celles qui se considèrent comme mieux douées encore pour donner à l'âme ces consolations, ces apaisements si nécessaires dans cette vie agitée et tourmentée, où l'homme est toujours, si je peux m'exprimer ainsi, absent de lui-même, et n'a pas un moment de recueillement!

Sans nier aucun des priviléges que Dieu a libéralement départis à la femme, ne peut-on pas dire que les consolations du cœur sont de plusieurs natures, et que le champ qui lui est réservé, à elle, a ses limites? Tout ce qui est du domaine de la religion réclame un détachement sans lequel la pensée ne pourrait jamais s'élever; et notre organisation n'est point assez immatérielle pour que le choix de l'intermédiaire entre Dieu et nous soit chose indifférente! Ne serait-il pas à craindre que dans cet abandon où l'âme n'a plus de secrets, dans ces effusions où se surprennent des larmes, l'homme ne fît fausse route, n'ayant pour guide qu'un directeur féminin, et que parfois la créature ne fît un peu trop oublier le Créateur?

Je ne sais si les réformistes américaines ont réfléchi sur ces problèmes et sur d'autres encore que je m'abstiens de développer; j'ignore quelle solution elles leur ont donnée, mais selon toute apparence, ce qui peut faire doute pour moi a cessé d'être une objection pour elles, car leur ambition s'est élevée jusqu'à vouloir exercer le sacerdoce religieux. Il paraît que leurs tentatives, dans cette direction, n'ont pas été sans quelques résultats; et, chose remarquable! elles ont eu accès non point dans une de ces sectes nouvelles qui s'improvisent si aisément aux États-Unis, mais dans une secte déjà ancienne, renommée par son rigorisme, par son attachement aux vieilles traditions : j'ai nommé les presbytériens. C'est, du moins, ce qui résulte d'un incident soulevé à la Chambre des représentants du congrès, dans la session de 1856-1857[1].

Chaque année la Chambre, au début de ses travaux, nomme au scrutin le chapelain qui doit remplir près d'elle le service religieux. Dans une des séances préparatoires de la session dont je viens de parler, les noms de divers pasteurs furent proposés au choix de l'assemblée, et dans le nombre figurait celui de Mme Antoinette L. Brown, ministre de la secte presbytérienne. A la lecture de ce nom, un membre se leva et fit une motion d'ordre; il demanda s'il était dans les précédents de nommer une femme pour chapelain?

Le président répondit qu'il appartenait à la Chambre de décider.

Un autre membre s'opposa formellement à la nomination du candidat féminin, en disant

1. *The Richmond whig*. January, 7. 1857.

« que saint Paul avait ordonné aux femmes de garder le silence dans les églises, et qu'ainsi ce serait manquer aux prescriptions de ce grand apôtre que d'en choisir une pour chapelain. »

Ce spirituel à-propos coupa court à tout débat; on passa au vote sans discussion, et la candidature féminine fut écartée en principe.

Il n'en reste pas moins établi que des femmes ont obtenu l'investiture du sacerdoce dans la secte presbytérienne, ce qui préjuge des études théologiques faites sinon au séminaire, tout au moins chez des ministres de ce culte. Selon toute apparence, des faits de cette nature sont très-rares[1]; mais qui peut affirmer où ils s'arrêteront, dans un pays où l'on proclame bien haut que tous les problèmes de la vie ont été mal étudiés et que la science est à refaire? Il est inutile de dire que le catholicisme repousse ces sortes de nouveautés avec une énergie qui est le résultat de ses principes constituants.

1. Voir l'appendice n° 1.

XXI

Rôle enviable par la femme américaine.

Mais s'il est des visées où s'égare l'ambition de quelques femmes, il est un but beaucoup plus naturel qu'elles devraient chercher à atteindre, parce qu'il semble indiqué, comme se rattachant à leur mission dans la société. En Amérique, plus qu'ailleurs peut-être, les femmes devraient être le centre de réunions d'hommes s'occupant de la chose publique.

En effet, que se passe-t-il aujourd'hui? La vie publique est enfermée dans le cercle étroit des intérêts purement locaux; la politique étrangère n'appartient qu'au congrès, et il n'a que de rares occasions de s'en occuper. La question de l'esclavage seule offre une variété d'aspects qui pourraient assouplir l'esprit, mais elle est rebattue depuis tant d'années que quelqu'efforts qu'on fasse pour la rajeunir, elle se reproduit incessamment la même; il n'y a de nouveau que quelques ambitieux de plus qui veulent s'en faire un piédestal pour arriver au pouvoir. Une pareille existence n'a rien qui élargisse les idées, alors surtout qu'elle se combine avec des vues d'affaires tout à fait individuelles qui sont souvent en opposition avec l'intérêt général. Le caractère de cette situation est l'absorption de l'homme dans des intérêts plus ou moins étroits, et l'étouffement de ses qualités naturelles.

Un homme distingué, le réverend Beecher a dit, avec beaucoup de raison, que ce qui manquait à l'Américain c'est le *Mirthfulness*, c'est-à-dire l'enjouement, cette dilatation de l'esprit inaccessible aux hommes qui se laissent dominer par les affaires; en un mot le véritable bonheur dont les intérêts ne sont que la fausse monnaie.

Dans une société ainsi ordonnée, le rôle de la femme n'est-il pas indiqué tout naturellement? On ne peut lui reprocher son insuffisance, car elle a beaucoup d'intelligence et de la vivacité dans l'esprit. Son concours aux réunions d'hommes ne pourrait que tempérer des rapports qui se ressentent trop de la rudesse et de la violence d'un autre âge! D'autre part, elle amènerait une diversion agréable aux sujets de conversation, qui sont aujourd'hui comme fatalement stéréotypés, et donnent à l'esprit de la nation une teinte uniforme bien voisine de la monotonie. Les femmes elles-mêmes profiteraient à ces rapports; leurs idées gagneraient en solidité l'équivalent de ce qu'elles donneraient de raffinement et de délicatesse à celles des hommes.

Mais pour atteindre ce résultat, il faudrait commencer la réforme dans le sein de la famille; il faudrait que le mari consentît à associer sa femme à ses préoccupations de toute nature, à ses pensées intimes, à en faire sa véritable confidente. Ce serait une indispensable préparation, et la famille serait la première à en ressentir les bienfaits. Voilà le rôle enviable pour les femmes, il est bien supérieur à ces chimères que caressent quelques esprits maladifs, et qui n'amèneraient que déception pour la société et pour elles-mêmes.

M. de Tocqueville, dont les Américains ne récuseront pas le témoignage, écrivait à Mme Swetchine ses idées sur le rôle de la femme dans la société, et il disait (Lettre du 20 octobre 1856 [1]) :

« Rien ne m'a plus frappé dans l'expérience déjà assez longue que j'ai faite des affaires publiques, que l'influence qu'exercent toujours les femmes en cette matière ; influence d'autant plus grande, qu'elle est indirecte. Je ne doute pas que ce ne soient elles qui donnent à chaque nation un certain tempérament moral qui se manifeste ensuite dans la politique. Je pourrais citer nominativement et en grand nombre des exemples qui achèveraient d'éclaircir ce que je dis. J'ai vu cent fois, dans le cours de ma vie, des hommes faibles, montrer de véritables vertus publiques, parce qu'il s'était rencontré à côté d'eux une femme qui les avait soutenus dans cette voie, non en leur

1. *Mme Swetchine*, par M. de Falloux.

conseillant tels ou tels actes en particulier, mais en exerçant une influence fortifiante sur la manière dont ils devaient considérer en général le devoir ou même l'ambition. »

M. de Tocqueville, tout en rendant hommage à cette influence salutaire de la femme, ne dissimule pas celle d'une nature tout opposée qu'elle peut exercer sur son mari, dans un intérêt sordide et égoïste ; mais plus les femmes seront tenues à l'écart du grand courant de la vie sociale, moins elles seront aptes à envisager le danger, à se fortifier pour l'affronter, et à donner du courage au compagnon de leur vie. C'est là un des buts marqués de l'éducation des femmes, dans une république digne de ce nom ; et si les Américains l'ont négligé jusqu'à présent, ce ne peut être qu'en souvenir de la condition faite à la femme en Angleterre, alors qu'aucune parité n'existe entre les institutions des deux pays.

XXII

Prohibition de mariage avec des gens de couleur.

Jusqu'à présent je n'ai envisagé le mariage qu'au point de vue de la race blanche ; voyons ce que les Américains en ont fait pour la race noire.

Malgré l'extrême liberté laissée pour contracter mariage, il est cependant une prohibition fort caractéristique, qui doit être mentionnée, car elle est un trait de mœurs qui prouve jusqu'où va la répulsion de la race blanche, en Amérique, pour les autres races, même dans les parties de l'Union où l'esclavage est prohibé. Dans divers États, on peut dire dans le plus grand nombre [1], le statut local défend le mariage des blancs avec des

1. Bishop, *On marriage and divorce*, § 223.

Indiens, des nègres et des mulâtres, quel que soit d'ailleurs le degré de blancheur de la peau de ces derniers. Mais là où le statut est muet, même favorable à ces sortes d'alliances, la force du préjugé est telle que personne n'oserait le braver. Ce n'est point alors la pénalité légale qu'on peut craindre, c'est une réprobation mille fois plus terrible. Si un pareil mariage avait lieu, surtout entre une femme blanche et un homme de couleur, le scandale serait au comble; ce serait une flétrissure imprimée à cette femme, elle ne s'en laverait jamais, et elle devrait, par mesure de sûreté, fuir le pays où cette union se serait consommée. On ne peut nier cependant que des mariages de cette sorte n'aient lieu quelquefois, mais c'est dans les régions infimes de la population; et même là il n'y a pas toujours sûreté pour les individus qui bravent les idées reçues; car dans le peuple le préjugé de race est aussi enraciné que dans les classes supérieures, peut-être même davantage. Mais, chose assez curieuse, on a constaté que dans ces dernières années, plus de femmes que d'hommes de race blanche avaient épousé des gens de couleur, dans deux États libres.

Toutefois ces faits sont si peu nombreux, qu'ils n'ont aucune conséquence appréciable.

XXIII

Union des esclaves entre eux, prohibée par la loi.

Parlerai-je de l'union des esclaves ? Considérée tout à la fois comme une chose et comme un être responsable devant Dieu et devant la loi, il semblerait que cette chose pensante dût être autorisée à contracter un mariage légitime, pour mieux associer sa vie à l'idée du devoir et à la famille, deux grands éléments de civilisation. Il en est cependant tout autrement : aucun homme de couleur, en esclavage, n'a le droit de faire un mariage légal ni avec une autre esclave, ni avec une personne libre; il est condamné à une promiscuité qui revêt assez souvent les apparences du mariage, mais qui, souvent aussi varie et flotte au gré de sa nature brute, et ne peut produire aucun effet civil. Le maître a toujours le droit de rompre le lien naturel, si léger qu'il soit, qu'a pu former l'esclave, même avec son consentement ; et comme la loi se refuse à régulariser ce lien, il n'y a point de paternité reconnue; on peut séparer l'homme de la femme, le père et la mère, de leurs enfants, à la volonté du maître! c'est la dégradation infligée au malheur! c'est le renversement des idées les plus élémentaires en fait de moralité! c'est la violation des enseignements de l'Église. Voici ce que disait le pape Adrien Ier, à ce sujet :

« Selon la parole de l'Apôtre, dit-il, de même qu'en Jésus-Christ on ne doit écarter des sacrements de l'Église ni l'homme libre ni l'esclave, de même il n'est permis en aucune manière d'empêcher le mariage entre esclaves; que si ces mariages ont été contractés malgré l'opposition et la répugnance des maîtres, néanmoins ils ne doivent être dissous en aucune façon [1]. »

Saint Thomas était plus explicite encore ; il soutenait ouvertement « qu'en fait de mariage, les esclaves ne doivent pas obéissance à leurs maîtres [2]. »

Pour défendre le système de législation des États du sud, il faudrait prouver qu'il y a deux Bibles, deux Évangiles, l'un pour les blancs, l'autre pour les noirs ; sinon il faut renoncer à dire qu'on veut élever le moral de l'esclave, pour l'amener à la civilisation ! L'intérêt de celui-ci n'étant jamais consulté pour ces sortes d'unions illégales, on les tolère ou on les défend, suivant l'intérêt du maître. On les tolère aux États-Unis, on les provoque même, parce que la traite étant prohibée, et les bras manquant, on se préoccupe beaucoup de la multiplication de la race ; tandis qu'à Cuba, où la traite introduit cha-

1. *De Conjug. serv.*, lib. IV, t. IX, cap. I.

2 Voir Balmès, *le Protestantisme comparé avec le catholicisme*. t. I, p. 146 (Bruxelles, 1854); 2e, q. 104, art. 5.

que année, frauduleusement, un grand nombre d'esclaves nouveaux à des prix modérés, on interdit autant que possible les promiscuités entre les serviteurs de race noire, parce que l'élève de leur progéniture serait onéreuse au maître.

Telle est la morale variable et mobile à l'usage des pays à esclaves ! Et comme si ce n'était point assez de l'œuvre du serviteur pour accroître les provisions de cette nature, les blancs n'hésitent point à donner leur concours. Dans cette voie, ce n'est pas du désordre qu'on rougit, mais bien du mariage : triste renversement des idées morales chez un peuple qui se prétend religieux, et où le péché du blanc s'incruste dans les traits et dans le teint du mulâtre !

XXIV

Contrefaçon de mariage avec des filles de couleur presque blanches.

Que dirai-je du sort des jeunes filles de couleur de condition libre, et dont le teint, par suite de croisements successifs, est arrivé à un état de blancheur complet ou presque complet? Dans le sud, la loi, qui n'est en cela que le reflet des mœurs, les repousse absolument de l'union légale avec les blancs; et, d'un autre côté, la supériorité de leur éducation aussi bien que l'aisance dans laquelle elles ont été élevées les placent bien au-dessus d'un mariage avec un homme de couleur. De là une position fausse et cruelle qui pèse sur toute leur existence.

Ces femmes sont souvent jolies, quelques-unes sont vraiment belles; elles ont de la souplesse et de la grâce dans le maintien, et il n'est pas jusqu'à la goutte de sang noir qui s'est égarée dans leurs veines, qui n'ajoute au charme de leur personne. De bonne heure on cherche à développer leurs qualités naturelles par une instruction égale à celle donnée aux jeune filles blanches. Quelques-unes sont envoyées à Paris pour compléter leur éducation, et rien n'est épargné pour les rendre dignes d'un sort meilleur que celui qui les attend. Beaucoup d'efforts sont faits pour les marier en Europe, car que ne tenterait-on pas pour les faire échapper à cette alternative d'un célibat perpétuel ou d'une prostitution fatalement indiquée? C'est cependant à ce dernier parti que se décident la plupart de celles qui habitent la Nouvelle-Orléans, ville où plus nombreuses qu'ailleurs, elles forment une caste à part. Là, l'irrégularité de la vie revêt une forme toute particulière qui est comme une aspiration vers une existence meilleure, et une sorte de mise en demeure faite à la société d'ouvrir ses rangs à qui sait mériter d'y entrer.

Les blancs sont aisément captivés par l'attrait naturel de ces femmes, surtout s'il est rehaussé par une certaine éducation et des talents d'agrément ; mais, comme une union légitime est impossible, on entre en pourparlers pour un mariage *par à peu près*, et les choses se passent comme s'il s'agissait d'un lien légal. Le prétendant qui s'est déclaré et qui s'est fait agréer par la jeune fille est généralement renvoyé à la mère, qui s'occupe des affaires sérieuses ; celle-ci prend les informations les plus circonstanciées sur son caractère, ses habitudes, sur les ressources dont il peut disposer ; et si tout confirme l'impression première qu'on a conçue à son égard, on conclut un accord. L'homme blanc s'oblige à procurer à la jeune fille un genre de vie, un comfort en rapport avec l'existence qu'elle a menée jusque-là, quelquefois même supérieur à certains égards ; et, prévoyant le cas où il la délaisserait un jour, il s'engage à lui payer une somme fixe destinée à lui assurer, à elle et aux enfants qu'elle pourrait avoir de cette union, une situation convenable.

Ces accords terminés, on loue une maison dans un quartier spécial de la ville; le jeune couple va s'y établir. La femme conserve les rapports de parenté et d'amitié qu'elle avait antérieurement, et l'homme qui s'est attaché à elle se trouve plus ou moins engagé dans ces liens de famille, qui sont pour lui un triste revers de cette situation qu'il se représentait comme si séduisante. On dit de ces femmes qu'elles sont susceptibles d'un attachement sérieux et d'une fidélité qui ne justifierait pas le soupçon; elles donnent du charme à l'intérieur, elles ont souvent de l'ordre et de l'économie, et quelques-unes d'entre elles pourraient faire honte au préjugé qui les proscrit. Le respect humain oblige l'homme à jeter un voile plus ou moins épais sur cette partie de sa vie, afin de pouvoir être encore admis dans la société. Il ne peut, en effet, abandonner parents et amis, sans retour; et puis le temps vient où, s'éveillant d'un long rêve, quelquefois à la diligence de ses créanciers, il songe à contracter un mariage légitime pour fonder une véritable famille et réparer le déficit que de pareilles erreurs creusent trop souvent. Mais il ne doit prendre ce parti qu'après avoir brisé son premier engagement : le devoir, la raison, tout lui trace la voie à suivre.

Cependant un retour sur le passé, des comparaisons fâcheuses, mille circonstances lui font quelquefois regretter, après coup, d'avoir abandonné le premier objet de son choix ; il hésite, puis il retombe dans ces liens et devient criminel à force de faiblesse.

Mais si, fidèle à sa femme légitime, il a rompu sans retour son premier engagement, il s'exécute loyalement envers la femme de couleur, en lui payant la somme promise. Ces ruptures causent parfois des douleurs profondes chez les femmes délaissées, et les rendent d'autant plus dignes d'intérêt. Mais si la séparation s'effectue sans chagrin, elles ont la situation de veuves qui n'attendent pour s'engager dans un nouveau lien qu'une occasion favorable, et tout concourt à l'offrir à qui la désire.

De ces unions illégitimes naissent des enfants élevés dans le mépris de la loi et de la société, et qui en sont les ennemis naturels; conséquence inséparable de tout ce qui viole l'ordre établi.

Un haut dignitaire de l'Église catholique me disait que le clergé, affligé de voir la plupart des jeunes filles de couleur tomber dans ces désordres, et remarquant qu'elles ne s'y décidaient qu'après la première communion à laquelle elles attachent beaucoup de prix, avait posé cette règle : qu'aucune d'elles ne serait désormais admise à participer à ce sacrement qu'autant qu'elles et leurs mères s'obligeraient, par une sorte de serment, à vivre honnêtement de leur travail et à renoncer à toute union illégitime.

Pendant quelque temps, on ne remarqua point d'infractions à la règle, mais insensiblement le relâchement arriva, les séductions vinrent assaillir ces jeunes filles; un avenir sans issue s'offrit toujours à elles; la contagion de l'exemple, le désir du bien-être, tout concourait à faire succomber ces pauvres victimes, et l'on dut renoncer à cette forme de promesse, pour ne pas être plus longtemps témoin de son inefficacité, et pour ne pas exposer celles qui la faisaient, dans un âge si jeune, à la violer scandaleusement et impunément. En sorte qu'aujourd'hui, malgré les remontrances paternelles adressées à ces jeunes filles, avant la communion, malgré toutes les mesures que peut suggérer au clergé sa sollicitude pour leur avenir, il leur est très-difficile de résister longtemps à ce courant de dépravation. Cependant il est d'honorables exceptions d'autant plus méritoires, qu'il leur faut lutter tout à la fois contre un préjugé implacable et contre l'attrait d'une séduction incessante. Peut-on espérer qu'un jour viendra où le mariage légitime sera la récompense de tant d'efforts faits pour le mériter? Cela est douteux, tant que le préjugé de race sera aussi vivace qu'on le voit aujourd'hui; et puis l'illégitimité de la naissance des filles de couleur est un obstacle d'une autre nature qui semble être la justification de la rigueur de l'opinion. Toutefois, ne vaudrait-il pas mieux légitimer, par le mariage, une union irrégulière persistante, lorsque la femme, fidèle à son unique affection, justifierait, à d'autres égards encore, l'intérêt que la loi lui porterait? Ce sont là des problèmes trop importants pour que le législateur n'y touche qu'avec circonspection, et cependant il n'est personne parmi les gens désintéressés qui ne convienne que la situation actuelle est la pire de toutes.

XXV

Mormons.

Je ne donnerai pas le nom de mariage à cette licence de mœurs introduite par les mormons, et qui ne révolte pas moins les Américains que les étrangers[1]. Établis d'abord à Nauvoo, sur les bords du Mississipi, ils fu-

1. Voy. l'appendice n° 2.

rent bientôt chassés de cet antre de corruption, et leur temple fut incendié, comme pour donner à entendre que le feu seul pouvait purifier cette atmosphère empestée. Ils cherchèrent un refuge au delà des montagnes Rocheuses; mais là, comme à Nauvoo, le sentiment général les flétrit, et sans l'émigration européenne, surtout celle de l'Angleterre, qui leur fournit des recrues, ils seraient condamnés à périr! car il faut rendre aux Américains cette justice, que tout ce qui viole ouvertement le sanctuaire de la famille leur inspire une profonde répulsion.

XXVI.

Célibat proclamé comme principe par les shakers.

Il est digne de remarque combien toutes les excentricités se donnent rendez-vous sur cette terre d'indépendance. En même temps qu'on voit la polygamie poussée à ses dernières limites, il existe une secte dite des shakers, dont l'objet principal est le célibat le plus absolu. Leur existence n'a rien de l'ascétisme de l'anachorète ni du recueillement de la cellule; ils vivent dans une sorte de communauté composée d'hommes, de femmes et d'enfants, et tous pratiquent la continence qu'ils prêchent ; leurs mœurs sont reconnues irréprochables. Leur idée fixe est que, d'après l'Évangile, et surtout depuis la deuxième révélation faite à leur fondatrice, le célibat est l'unique moyen d'obtenir la régénération selon l'esprit. Je donnerai plus loin quelques détails sur cette secte[1]. Quant à présent, je me borne à dire qu'il y a lieu d'être surpris qu'elle soit venue s'établir en Amérique, où, de tradition, le mariage a toujours été fort en honneur et a tant contribué à sa prospérité. Jusqu'à présent cette secte est la seule qui ait protesté contre le précepte fécondant de l'Écriture, et il est douteux que ce protestan-

1. Voy. l'appendice, n° 3.

tisme ait le même succès que celui de Luther. S'il en devait être autrement, on verrait, sans nul doute, surgir un nouveau Metellus[1] pour remettre en vigueur cette institution. Mais l'Américain est trop bien avisé pour admettre de pareilles innovations; ce ne sera jamais lui qui fermera le grand-livre de l'humanité.

XXVII

Du divorce.

Si la loi s'est montrée si indifférente, si imprévoyante dès le début, négligeant d'envi-

1. On se rappelle que le censeur Metellus, voyant la diminution très-grande des citoyens, proposait au peuple romain de soumettre tous les célibataires au mariage : « Romains, leur disait-il, si nous pouvions vivre sans femmes, nous nous épargnerions un grand embarras; mais puisque la nature a voulu que nous ne pussions vivre commodément avec elles, et que sans elles nous ne pussions pas vivre du tout, il faut songer à la perpétuité de l'État plus qu'à nos propres satisfactions. »

ronner le mariage de précautions et de formalités tutélaires, doit-elle se montrer sévère si le moment vient où l'union est trouvée mal assortie et la chaîne trop lourde. Deux moyens se présentent pour faire face à cette situation : la séparation de corps et le divorce. Des considérations de plus d'une sorte dominent ce sujet : la religion, l'économie politique, le degré d'avancement de l'état social sont autant de causes qui opèrent diversement ainsi qu'on va le voir par l'exemple du passé.

Il n'est point de matière peut-être sur laquelle les esprits soient plus partagés que sur celle-ci, soit quant au principe du divorce en lui-même, soit quant aux causes qui peuvent le déterminer. Certaines personnes, et Milton était de ce nombre, veulent non pas le divorce qui est facultatif aux deux époux, mais le droit de répudiation qui, d'après la loi de Moïse, appartenait au mari seul. Milton disait « que le mariage a été créé pour l'homme, mais que la femme a été créée pour le mariage. » Il soutenait de plus, dans le même ordre d'idées, « qu'on doit accorder plein et entier effet à ces causes mentales impondérables qui, quoique justes en elles-mêmes, ne peuvent prévaloir dans la pratique, parce qu'il n'y a aucune balance humaine qui puisse les peser[1]. » Ainsi, dans ce système, le mari est juge et partie; il a non-seulement le droit, mais encore la juridiction qui décide sans appel.

En Grèce et à Rome, dans les premiers temps, le droit de répudiation fut accordé au mari, par une imitation plus ou moins exacte de la loi juive. Mais par la suite, les mœurs se relâchèrent, et le divorce fut substitué à la répudiation, en sorte que la femme eut, comme le mari, le droit de l'invoquer et de le faire prononcer.

Le christianisme vint proclamer une loi nouvelle portant que l'homme ne peut séparer ce que Dieu a uni : le mariage devint un sacrement; et d'un seul coup, la répudiation et le divorce furent anéantis. La lutte fut longue pour faire prévaloir ces principes, mais au

1. *Milton's prose works* et Bishop, *On marriage and divorce*, § 288.

douzième siècle, les dernières résistances avaient cessé, et la victoire était complète. Les choses changèrent d'aspect au quinzième siècle, quand apparut la réformation : alors on nia tout à la fois le sacrement et la loi d'indissolubilité; et tandis que les catholiques restaient fidèles à cette loi, les protestants admirent non pas la répudiation antique, mais le divorce mutuel pour chaque époux.

C'est sous l'influence de cette législation que vivait Milton ; et son opinion, tout intéressée qu'elle pouvait être, n'eut pas la puissance de faire réformer la loi, et de faire accepter de nouveau la répudiation. Dès lors qu'on admet la rupture possible du lien, on ne comprendrait pas en effet, que la femme devenue l'égale du mari, n'eût pas le droit d'invoquer comme lui, les raisons puissantes qui peuvent le justifier.

N'envisager que l'intérêt de celui-ci, c'est ne voir qu'une des faces de la situation, c'est oublier qu'un intérêt social est venu prédominer en cette matière; et qu'ainsi la société a le droit et le devoir de peser sur des dissentiments qui peuvent n'avoir rien de sérieux, et qui disparaîtraient en présence de considérations graves, si elles étaient envisagées dans le calme de la réflexion. De là les garanties dont on a environné le divorce dans certains pays, pour l'empêcher de dégénérer en licence.

L'exemple de Rome païenne aurait suffi pour imposer un devoir plus étroit au législateur chrétien, de nos jours. Là, en effet, hommes et femmes pouvaient divorcer pour les motifs les plus futiles, et l'abus de cette faculté était poussé à l'extrême. Saint Jérôme raconte qu'il a assisté à l'enterrement d'une femme qui avait eu 22 maris! et Sénèque disait que, de son temps, la femme comptait le nombre de ses années non par les noms des consuls, mais par le nombre de ses époux! Serait-il possible d'admettre, de nos jours, des mœurs si relâchées? Si le mariage comporte en lui-même une part de sacrifices, n'est-ce pas le rôle de la loi de le réglementer, en tâchant de concilier les besoins de la société et ceux des époux? c'est là que doit tendre toute bonne législation.

Ceci rappelle ce qui se passait à Zurich, en pareille occurrence : quand des époux formaient une demande en divorce pour incompatibilité d'humeur, le magistrat, d'après la coutume du pays, faisait renfermer le couple en instance, dans une tour isolée, sur le lac. Ils restaient là pendant quinze jours ; ils devaient habiter la même chambre, ils n'avaient qu'un lit, une chaise, un couteau, une fourchette, de sorte qu'ils dépendaient entièrement l'un de l'autre pour leur bien-être réciproque. Si, après cette épreuve, ils persistaient dans leurs demandes, alors commençait la procédure ordinaire, et les tribunaux statuaient. On prétend qu'assez souvent, cette épreuve préparatoire suffisait pour faire renoncer au divorce d'abord si vivement sollicité.

Voyons maintenant comment les Américains ont mis à profit les expériences du passé, et si après avoir été mal inspirés dans la législation qui préside au mariage, ils l'ont été mieux en ce qui touche à la rupture de ce lien.

XXVIII

Causes multiples de divorce.

La loi du divorce n'est pas la même dans tous les États de l'Union ; chacun d'eux, outre la loi commune d'Angleterre, a un statut particulier sur cette matière ; mais il y a une grande tendance à l'adoption de causes similaires pour déterminer le divorce. En Amérique, on appelle de ce nom deux choses qui, en France, reçoivent des appellations différentes. Ainsi : il y a le divorce proprement dit, qui est la rupture du lien, puis l'on qualifie de divorce à *Mensâ et Toro* ce que nous appelons séparation de corps. Ce dernier moyen n'est admis que dans fort peu d'États, et ne jouit d'aucune faveur. On trouve cette séparation immorale, en ce que suivant l'expression de lord Howell, elle laisse une femme sans mari, et un mari sans femme. C'est le célibat dans le mariage. Elle offre de grandes tentations à l'adultère, et punit l'innocent plus que le coupable.

Je ne parlerai ici que du divorce proprement dit : je n'entrerai pas dans le détail des causes admises par chaque État, je me bornerai à signaler la variété de celles consacrées de divers côtés. En voici à peu près la nomenclature : 1° l'état de bigamie; 2° l'adultère; 3° la désertion volontaire pendant un, deux, trois ou cinq ans; 4° l'absence prolongée pendant cinq ans; 5° l'état d'imbécillité ou d'aliénation mentale; 6° l'union avec un nègre, un mulâtre ou un Indien; 7° un état de vagabondage; 8° des actes de cruauté ou d'abus exercés par l'un des époux sur l'autre; 9° une grande méconnaissance de ses devoirs vis-à-vis de son conjoint; 10° un état habituel d'ivrognerie pendant un certain temps, et l'abus de l'opium; 11° un emprisonnement pour crimes déterminés par le statut local; 12° l'impuissance de l'un des époux; 13° le refus de donner à sa femme des moyens suffisants d'existence;

14° le refus par la femme, de suivre son mari là où il transporte son domicile; 15° des désordres de conduite de l'un des époux; 16° l'adhésion de l'un d'eux à l'association des shakers, dont j'ai parlé plus haut, et la mise en pratique de leur système; 17° un État, le Kentucky, est allé jusqu'à rendre une loi portant que « lorsqu'un mari annonçait dans les journaux son intention de ne point payer les dettes de sa femme, il y avait là pour celle-ci cause suffisante de divorce. » Il ne manque guère à cette nomenclature que le divorce par calcul qu'invoqua Cicéron pour répudier Terentia; non pas qu'il eût contre elle aucun grief, mais il lui fallait une nouvelle dot pour payer ses créanciers.

XXIX

Arbitraire laissé aux tribunaux. — Divorces législatifs.

Outre les causes de divorce que je viens d'indiquer, il existe dans quelques États de l'Union une disposition statutaire qui paraît devoir être adoptée successivement par d'autres, et qui a une grande importance. Il y est dit que les cours de justice pourront, d'après *leur pouvoir discrétionnaire*, accorder un divorce, dans tous les cas où elles trouveront que la demande est juste et bien fondée. On ne peut se dissimuler que de pareilles dispositions sont exorbitantes du droit commun, en ce qu'elles laissent les parties à la merci du juge, de son intelligence, de son intégrité, de ses passions, de tout ce qui peut faire chanceler sa bonne foi.

Mais ce n'est pas tout : il est des États où les législatures prononcent des divorces, en concurrence avec les cours de justice, ce qui est encore un autre abus, puisque ces législatures réunissent dans la même main tout à la fois le pouvoir législatif et le pouvoir judiciaire. On sait qu'elles sont fort accessibles aux influences de parti, de coterie, aux considérations souvent de la pire espèce; on en a pour preuve que là où ces juridictions concurrentes existent, c'est sans hésiter à la législature qu'on s'adresse de préférence, quoique les conséquences du divorce prononcé par elles soient beaucoup moins importantes que celles résultant des arrêts des cours de justice. On comprendrait cette omnipotence anormale en Angleterre, où le parlement peut, sans heurter la constitution, absorber tous les pouvoirs; c'est ce qui à fait dire que le parlement avait tout pouvoir de faire ce que bon lui semblait, à une seule exception près, c'est-à-dire qu'il ne pouvait faire qu'une femme fût un homme, ni un homme une femme. Mais aux Etats-Unis, pays de démocratie, où il existe une séparation fondamentale des pouvoirs publics, cette concentration de l'autorité législative et de l'autorité judiciaire dans la même main est une anomalie et un danger.

XXX

Comparaison des législations anglaise et américaine sur le divorce.

Une législation si intempérante n'a pu être inspirée que par le spectacle de ce qui se passait en Angleterre, antérieurement au bill de réforme du divorce, cité plus haut. Les scandales résultant de l'impossibilité du recours aux tribunaux pouvaient faire envisager la loi américaine comme un progrès. Cependant si, en fait, la loi anglaise ne pouvait être mise à exécution que pour un petit nombre, d'un autre côté, il est juste de dire qu'elle ne reconnaissait qu'une seule cause de divorce : l'adultère. Il y a loin de là à cette faculté presque indéfinie laissée aux caprices des époux, en Amérique, car elle ne tend à rien moins qu'à constituer indirectement la polygamie.

La nouvelle loi anglaise a rendu les cours de justice accessibles au plus grand nombre ; et plus sage que celle d'Amérique, elle n'a fait aucune innovation, quant aux causes du divorce ; elle n'en admet qu'une seule comme précédemment, c'est-à-dire l'adultère. Une expérience plus prolongée démontrera aux Américains qu'ils doivent modifier profondément leur législation sur ce point : elle ouvre la porte à trop de désordres ; et il ne faut point oublier que plus une société vieillit, plus il est important de surveiller sa marche et de serrer le frein pour l'empêcher de précipiter sa décadence.

XXXI

Prohibition du divorce. — Concubinage légalisé de la Caroline du Sud.

Il y a aux États-Unis un État, un seul, qui fait contraste avec les autres, en cette matière, car il n'admet aucun divorce soit législatif, soit judiciaire, pour un motif quelconque. Il s'agit de la Caroline du Sud. Est-ce à dire que les unions y soient mieux assorties qu'ailleurs? « Non, répond un auteur américain: le divorce est aussi nécessaire là que dans le reste de l'Union[1]. » Mais alors en présence des mêmes faits, la loi a-t-elle agi plus sagement en faisant cette prohibition ? On ne peut le croire, si on pénètre plus avant dans ce sujet. Ainsi dans cet État, non-seulement l'a-

1. Bishop, *On marriage and divorce*, § 285.

dultère n'est point sujet à poursuites judiciaires, il ne peut être une cause de divorce, mais encore il reçoit une sorte de sanction du législateur, en ce que celui-ci a cru nécessaire de déterminer, par un statut spécial, quelle portion de ses biens un homme marié pouvait donner à sa concubine, même à titre de pacte préalable à un adultère.

On a pensé qu'avec une si grande tolérance de mœurs, qui n'est autre que la polygamie légalisée, le divorce n'avait plus de raison d'être ! Mais on a oublié sans doute que la femme n'est point appelée à se prévaloir de cette loi (ce qui est un hommage implicite à la délicatesse de sa nature), et puis enfin le divorce n'a pas pour seule cause un désordre de mœurs !

Quoi qu'il en soit, cette législation a trouvé des apologistes même dans des cours de justice[1], comme contre-coup de l'abus excessif du divorce.

Il ne faut pas, ce me semble, un grand ef-

1. Bishop, *On marriage and divorce*, § 289.

fort de raison, pour reconnaître que l'un et l'autre système sont également déplorables, et que les vices de l'un ne peuvent excuser ceux de l'autre. Dans les deux cas, la femme est plus ou moins sacrifiée; et quelle que soit l'alternative, a-t-on le droit d'être bien rigoureux pour les mormons?

XXXII

Divorces nombreux.

En toutes choses, aux États-Unis, on voit les faits et les actes les plus opposés se coudoyer, tant il est vrai que l'esprit humain est loin d'avoir trouvé sa voie ! et il poussera longtemps encore aux extrêmes avant d'y parvenir.

Par opposition à cette législation de la Caroline du Sud, on voit dans un État presque voisin, dans l'Alabama, jusqu'à cent divorces déclarés annuellement par la législature, sans compter ceux prononcés en justice[1]. Un peu plus loin dans l'Ohio, un juge faisait cette remarque : « Qu'il n'y avait pas de loi dont on eût plus abusé dans cet État que de celle du divorce, et que la plus grande partie des habitants estimaient que de tous les contrats, celui du mariage est le moins obligatoire, et qu'il ne doit falloir rien de plus, pour le dissoudre, qu'une demande adressée aux tribunaux compétents[2].

Cette doctrine est à peu près celle qui est mise en pratique dans l'Indiana, où la loi est pleine de sympathie pour les infortunes conjugales. Aussi les cours de justice sont-elles littéralement surchargées de demandes de divorce, dont les auteurs, il est vrai, sont bien souvent des habitants d'autres États; mais leur grand nombre atteste suffisamment qu'il y a là des facilités qu'on trouverait rarement ailleurs. Ces justiciables improvisés ne sont point arrêtés par la question de compétence;

1. *The Baltimore Sun*, 22 février 1856.
2. Bishop, *On marriage and divorce*, § 290.

on est admis à établir son domicile dans l'État sur une simple affirmation, et personne n'hésite à mentir à la justice sur un point qu'on considère comme de peu d'importance.

Le *National Intelligencer* de Washington, l'un des journaux les plus estimés de l'Union, rapporte[1] que le juge Test, d'une des cours de l'Indiana, en donnant son opinion dans un cas de divorce porté devant lui, disait « que les avocats de l'amour libre (nouvelle secte qui trouve que l'amour manque de liberté, aux États-Unis), ne pouvaient demander un statut plus favorable à leurs vues, que la loi du divorce d'Indiana; et que la polygamie des mormons était préférable, car elle obligeait au moins les maris à pourvoir à l'existence et à la protection de leurs femmes. « On raconte au sujet de cet état de choses une anecdocte assez piquante pour être mentionnée ici :

Il paraît qu'un habitant de Syracuse (État de New-York) était depuis quelque temps

1. Novembre 1858.

délaissé par sa femme qui, autant qu'on pouvait le conjecturer, s'était rendue dans l'ouest pour obtenir son divorce. Le mari n'avait, dit-on, aucune objection à faire à la demande de sa femme, et son seul désir était d'apprendre d'une manière certaine qu'elle avait réussi, et qu'il avait désormais pleine liberté de convoler en secondes noces. Pour sortir d'incertitude, il crut devoir s'adresser à divers greffiers de comtés, les priant de l'informer s'ils n'auraient pas connaissance d'un divorce le concernant, qui aurait été prononcé dans leurs juridictions. Parmi les réponses qui lui furent faites se trouvait celle-ci :

. . . . « Indiana, 18 septembre 1858.

« Cher monsieur, il n'y a point eu jusqu'ici de demande en divorce adressée à notre cour au nom de ***, mais je pense que nous avons bien divorcé la moitié des citoyens de votre État ; pour peu que nous continuions de ce train, je suppose que d'ici à quelques années nous aurons épuisé les mariages de New-York et du Massachusetts.

« En attendant l'occasion de vous rendre ce service, je suis, etc., etc. »

Quelque hyperbolique que soit dans ses termes la lettre du greffier de l'Indiana, elle ne sert pas moins à prouver que le nombre des demandes de divorcè faites dans cet État est considérable, et que les cours de justice, grâce à une législation imprudente, sont encombrées de ces sortes d'affaires.

Dans tous les États, on pense que tout ce qui tend à perpétuer l'éloignement des époux l'un pour l'autre nuit à l'accroissement de la population; et qu'en facilitant la rupture du lien, on fait quelque chose d'utile et de social, puisqu'on leur permet de chercher une autre union mieux assortie, destinée à remplir les fins du mariage.

Sous l'influence de ces idées et de la législation qu'elles ont créée, on ne doit éprouver aucune surprise en apprenant que le nombre des divorces est fort considérable aux États-Unis. J'ai dit plus haut ce qu'est cet état de choses dans l'Alabama. Dans l'État de Pensylvanie, à Philadelphie, ville fondée par les quakers et d'habitudes paisibles, on a constaté que dans un espace de neuf années, jusques y compris 1856, les cours de justice avaient prononcé onze cent trente-cinq divorces, sans compter ceux déclarés par la législature, et ils sont nombreux[1].

Dans le Connecticut, ancienne colonie fondée par les puritains, un homme fort distingué, le président Dwight, de Yale-collége, disait déjà en 1816, devant une assemblée composée des grands corps de l'État : « Que dans la seule ville de New-Haven (très-petite ville alors), on avait prononcé plus de cinquante divorces dans les cinq années précédentes, et plus de quatre cents, dans tout l'État, pendant le même laps de temps. C'était à peu près un divorce sur cent ménages[2]. » Les choses, depuis lors, ont été en augmentant. Si nous ajoutons foi à un journal du sud qui, comme ses confrères de cette partie de l'Union, relève avec empressement tout ce qui est à la charge du

1. Voy. *The Philadelphia Ledger*, 17 avril 1857.
2. Bishop, *On marriage and divorce*, § 275.

Massachusetts, nous voyons que dans une seule session de la cour de comté, siégeant à Dedham (Massachusetts), dernier terme de 1856 ou premier de 1857, onze divorces ont été prononcés pour cette seule petite circonscription, dont sept ayant pour cause des adultères[1]. La statistique donnerait des résultats analogues pour les autres États de l'Union, il serait sans utilité de s'étendre davantage sur ce point.

Il faut dire, à l'honneur des femmes américaines, que la plupart de ces divorces sont prononcés à leur demande et non contre elles; qu'ils sont dus souvent à l'abandon où les laissent leurs maris pour aller courir les hasards de la fortune dans l'ouest, surtout dans la Californie, où le besoin de l'or altère tout ce qu'il y a de noble et de pur dans la nature humaine, et contribue au renversement de toutes les institutions, même celles qui paraîtraient devoir conjurer davantage cette influence délétère.

1. *The New-Orleans Picayune*, 10 mars 1857.

Aux États-Unis, celui des époux qui a obtenu gain de cause a toute facilité pour contracter une nouvelle union; quant à celui qui succombe, son sort est différent, suivant les États qui mettent plus ou moins de rigueur dans l'appréciation des circonstances; les uns l'autorisent à convoler en secondes noces immédiatement, d'autres lui refusent ce droit pendant la vie de son conjoint. Mais la proximité des divers États permet d'échapper aisément à ces prohibitions : un simple changement de résidence suffit pour atteindre le but. De cette diversité de législation sur une même matière, dans des pays limitrophes, il résulte quelquefois des conséquences bizarres; ainsi on a supposé qu'un homme pouvait construire une maison composée de deux corps de bâtiments distincts, sur la frontière de deux États voisins; chacun d'eux serait planté sur un État différent, et cet homme qui ne pouvait convoler en secondes noces dans le premier, à cause du divorce prononcé contre lui, vivrait seul dans le premier corps de bâtiment, tandis qu'il établirait sa femme dans l'autre où le second mariage serait autorisé dans les mêmes circonstances; de sorte qu'il serait célibataire dans l'un et homme marié dans l'autre.

XXXIII

Prohibition de légitimation par mariage subséquent.

Le mariage n'est pas toujours le résultat d'une première impulsion, c'est aussi un acte de réparation qui devrait être partout encouragé. En effet, que d'unions n'ont en vue que la légitimation d'enfants nés antérieurement! Il semble que la pureté du motif devrait toujours trouver grâce auprès du législateur chrétien. Néanmoins, la loi américaine qui n'est en ce point, que le calque du droit anglais, refuse, sans pitié, la légitimation par mariage subséquent. On a peine à comprendre que dans un pays d'extrême liberté où l'indulgence est portée si loin pour les fautes commises, même les plus graves; où la société a des trésors de commisération pour les coupables, pour les criminels; où l'on cherche par tous les moyens à réhabiliter l'individu qui s'est mis en révolte contre la loi; on a, dis-je, peine à comprendre pourquoi elle est à ce point inexorable, qu'elle refuse l'entrée de la famille à des enfants auxquels leurs parents voudraient faire oublier l'irrégularité de leur origine! Comment ne voit-on pas que cette légitimation est un des plus grands attraits du mariage pour ceux qui d'abord s'en étaient affranchis? En la refusant, n'est-ce pas faire peser perpétuellement le remords sur des gens repentants, et exercer une torture cruelle sur des parents, en les frappant dans leurs affections les plus chères? Comment ne pas sentir que c'est envelopper dans la même proscription de pauvres créatures qui porteront toujours au front ce stigmate de bâtard, et qui pourront ne pas avoir pour leurs père et mère le même respect, les mêmes égards que si la tache originelle avait pu être effacée?

Telle est cependant la loi anglaise, qui est le droit commun des États-Unis, et qui n'a guère été répudiée que par un seul État (l'Ohio), où le statut local reconnaît, comme en France, la légitimation de l'enfant naturel par le mariage subséquent de ses père et mère. Cette législation cruelle a été inspirée par un puritanisme excessif qui est un anachronisme aujourd'hui.

Les Romains, quoique très-partisans du mariage, édictant des peines contre les célibataires, n'en avaient pas moins admis le concubinat, c'est-à-dire une quasi-union entre personnes pour lesquelles il n'y avait d'ailleurs aucun empêchement de mariage, mais qui n'avait rien d'obligatoire, en ce sens que les deux parties pouvaient le faire cesser quand bon leur semblait. Dans ce commerce de tolérance, le père des enfants était connu, et à ce titre ses enfants purent être légitimés par mariage subséquent. Tel était le dernier état du droit, amené par l'influence du christianisme.

Que les Anglais et les Américains consultent les monuments de cette législation, et ils verront que plusieurs empereurs avaient imaginé divers moyens de légitimation des enfants naturels issus du concubinat. De ce nombre était le mariage subséquent des pères et mères. Ce fut sous Constantin (335 ans après J. C.) que parut le premier statut général concernant la légitimation, destiné à mettre au pouvoir du père ses enfants naturels. Cette partie de la législation se développa sous ses successeurs, et à l'époque des Institutes, on pouvait parvenir à ce résultat par deux voies, l'oblation à la curie et le mariage subséquent [1].

Nous avons, en France, emprunté ce dernier moyen à la loi romaine, et nous l'avons appliqué aux enfants naturels reconnus qui ont une position en quelque sorte identique avec les enfants issus du concubinat. En agissant ainsi, nous avons considéré que c'était un véritable hommage rendu à la civilisation. Espérons que les Américains, qui ont

1. *Cod.*, liv. V, titre XXVII.

déjà tant réformé la législation anglaise, feront un nouveau pas en avant, en adoptant les principes du droit romain ; en le faisant, ils pourront dire qu'ils ont amélioré leurs lois civiles.

XXXIV

Les institutions démocratiques ont-elles une influence notable sur la famille? — Quelle est l'influence de la femme sur la société américaine?

Lorsqu'on veut parler de l'Amérique, il est indispensable de savoir ce qu'en a dit M. de Tocqueville, car il a écrit l'ouvrage le plus important que l'on ait sur ce pays. Les faits qu'il a recueillis, la systématisation qu'il en a faite, la forme magistrale qu'il a adoptée, tout tend à en faire un objet de méditation précieux pour qui veut ne point s'arrêter à la superficie des choses, et chercher, au contraire, à en saisir toute la portée. Le livre de

M. de Tocqueville a été son début et son coup de maître; il a fondé sa réputation comme publiciste, sans la limiter, car les travaux qu'il a publiés depuis n'ont fait que la consolider encore. Les Américains y ont attaché une grande importance: ils en ont fait, par voie de traduction abrégée, un livre classique pour les hautes études de West-Point (principale école scientifique des États-Unis). C'était le tribut d'éloges le plus délicat et le mieux senti qu'ils pussent payer à cet esprit d'élite. Les grands corps scientifiques et littéraires, en France, ont donné une sorte de consécration à cette haute renommée, en s'attachant l'homme supérieur qui a jeté tant d'éclat sur la science de l'observation dans le domaine des faits politiques, moraux, économiques, etc.

Mais plus est grande l'autorité de l'homme supérieur, plus il faut se mettre en garde contre l'entraînement qu'il peut exercer, car s'il lui arrive parfois d'attribuer à des faits incomplets ou passagers seulement, un caractère normal et permanent, ou bien s'il cède, malgré lui, à la séduction de certaines idées, on court le risque de prendre pour trait de physionomie d'un peuple ce qui, vu de plus près, n'en serait quelquefois qu'un accident, sans portée réelle.

J'ai dû étudier avec soin ce qu'a dit M. de Tocqueville sur le mariage et la famille, afin de m'assurer si les faits que j'ai recueillis pouvaient s'encadrer dans les théories qu'il développe sur ce sujet important. D'accord avec lui sur certains points, je cesse de l'être sur d'autres, et comme un dissentiment avec un homme de cette valeur est chose grave, il ne peut être vidé en quelques mots. Le lecteur doit être complétement édifié sur les points controversés pour pouvoir juger en pleine connaissance de cause. Je vais donc placer sous ses yeux tous les éléments de la discussion, en reproduisant surtout, le plus littéralement que je le pourrai, les principales propositions de M. de Tocqueville; je me ferais scrupule d'en omettre une seule, soit comme affaire de conscience, soit comme marque de déférence pour un si noble adversaire.

Le savant publiciste, après avoir consacré

la plus grande partie de son ouvrage à l'exposition des institutions démocratiques telles qu'il les a vues aux États-Unis, et au développement de ses théories sur cette nature de gouvernement, recherche finalement quelle peut être l'influence de la démocratie sur les mœurs proprement dites en Amérique. La femme et la famille sont un des points proéminents de cette étude; il y consacre quelques chapitres où les faits viennent s'assouplir plus ou moins heureusement à l'appui de ses doctrines.

L'auteur examine d'abord la condition de la jeune fille : il trouve que[1] « chez presque toutes les nations protestantes elles sont infiniment plus maîtresses de leurs actions que chez les peuples catholiques; cette indépendance est plus grande encore dans les pays protestants qui, ainsi que l'Angleterre, ont conservé ou acquis le droit de se gouverner eux-mêmes. » Il ajoute[2] « qu'aux États-Unis

1. *De la Démocratie en Amérique*, IVe vol., p. 71. 5e édition.
2. *Idem*, p. 72.

les doctrines du protestantisme viennent se combiner avec une constitution très-libre, et un état social très-démocratique; nulle part la jeune fille n'a été plus promptement ni plus complétement livrée à elle seule. De bonne heure elle pense par elle-même, parle librement et agit seule. On lui dessille les yeux, on lui fait voir la vie telle qu'elle est, avec les périls semés sur sa route; aussi[1] a-t-elle des mœurs pures plutôt qu'un esprit chaste. On[2] a mieux aimé garantir son honnêteté que de trop respecter son innocence. Il[3] fallait une éducation démocratique pour garantir la femme des périls dont les institutions et les mœurs de la démocratie l'environnent. »

Voulant mieux faire ressortir ses idées, l'auteur compare[4] « l'éducation timide et retirée de la jeune Française avec la liberté d'allures de la jeune Américaine, et ses préférences ne sont pas douteuses en faveur du système américain. »

1. Ouvrage déjà cité, p. 73.
2. *Idem*, p. 75.
3. *Idem*, p. 76.
4. *Idem*, p. 73.

Tels sont les premiers points indiqués par l'auteur. J'ai eu occasion de faire saisir, dans le cours de mon livre, les différences tranchées qui existent entre l'éducation de la jeune Française et celle que reçoivent les Américaines. Je n'ai signalé, dans l'éducation donnée à celles-ci, comparativement aux jeunes Anglaises, que des nuances seulement; mais M. de Tocqueville croit y voir davantage, car il rapporte à tout un système préconçu l'éducation indépendante de la jeune Américaine, en y faisant prédominer à forte dose les considérations démocratiques. Là commence mon dissentiment avec l'auteur.

Pour quiconque a vu de près la famille et la société anglaises, cette première donnée de M. de Tocqueville paraîtra bien hasardée, aussi se garde-t-il de comparer, sous ce rapport, les États-Unis avec l'Angleterre, car il lui faudrait reconnaître que dans ce dernier pays où la société est organisée tout aristocratiquement, où la loi du mariage surtout est conçue dans cet esprit, les jeunes filles sont élevées avec la même indépendance, la même liberté, la même initiation aux dangers qu'offre la société, que la jeune Américaine elle-même. Chez elles, la résolution n'a point eu pour prélude la timide défiance qui a bien son charme; le fruit a mûri sans la fleur qui est son gracieux précurseur! Et si dans la pratique on remarque une certaine exagération du système chez les Américaines, c'est là une affaire de nuance qui n'affecte en rien le trait principal. Quand des résultats analogues se produisent sous l'influence d'institutions si différentes, qu'a donc à faire la démocratie en pareille matière? N'était-il pas plus simple et plus juste de dire que ces mœurs étaient héréditaires, et qu'importées d'Angleterre en Amérique par les premiers colons, elles se sont transmises d'âge en âge, et se sont d'autant plus fortifiées, qu'elles étaient favorisées par des institutions démocratiques qui en sont comme la consécration. La forme politique du gouvernement n'est donc pas la cause déterminante de ces mœurs, elle n'en est que l'appoint; ce qui est fort important à noter.

M. de Tocqueville a dit, comme je l'ai rapporté plus haut, qu'il fallait prémunir la jeune fille Américaine contre les périls qu'offrent les institutions et les mœurs de la démocratie. Je me suis demandé quels sont ces périls? Mais l'auteur s'est chargé bien vite de la réfutation de sa propre proposition, en disant[1], « que l'égalité des conditions donne au désordre des mœurs un caractère moins dangereux, car chacun étant obligé de travailler, n'a ni le loisir ni l'occasion d'attaquer les vertus qui veulent se défendre, ce qui fait qu'il y a tout à la fois plus de courtisanes et une multitude de femmes honnêtes. »

Ceci doit nous rassurer sur les périls dont l'auteur nous avait effrayés d'abord. Mais comme si ce n'était point assez pour nous donner pleine sécurité, il dit ailleurs encore[2], « que les Américains montrent toujours par leur conduite qu'ils supposent les femmes vertueuses et délicates, et qu'en leur présence chacun veille avec soin sur ses discours, de peur qu'elles ne soient forcées d'entendre un

1. Ouvrage cité, p. 91.
2. *Idem*, p. 102.

langage qui les blesse. » Cela étant, jamais, ce me semble, le bouclier n'a été moins nécessaire pour protéger l'innocence; et la jeune Américaine, n'ayant rien à craindre des mœurs démocratiques, n'a pas besoin d'une éducation démocratique spéciale !

Après avoir parlé avec éloge des mœurs américaines, M. de Tocqueville dit[1] : « Il est évident que, sur ce point, les Américains sont très-supérieurs à leurs pères les Anglais; une vue superficielle des deux nations suffit pour le montrer. » Il appuie sa proposition en disant que[2], « en Angleterre, comme dans toutes les autres contrées de l'Europe, la malignité publique s'exerce sans cesse sur les faiblesses des femmes. On entend souvent les philosophes, les hommes d'État, s'y plaindre de ce que les mœurs ne sont pas assez régulières, et la littérature le fait supposer tous les jours; tandis qu'en Amérique tous les livres, sans en excepter les romans, supposent les femmes chastes, et personne n'y raconte d'aventures

1. Ouvrage cité, p. 84.
2. *Idem*, p. 84.

galantes.... » L'auteur ajoute : « Cette grande régularité des mœurs américaines tient sans doute, en partie, au pays, à la race, à la religion. Mais toutes ces causes, qui se rencontrent ailleurs, ne suffisent pas encore pour l'expliquer, il faut pour cela quelque raison particulière, et cette raison me paraît être l'égalité et les institutions qui en découlent[1]. »

Il y a dans ces quelques lignes plusieurs assertions éparses, qu'il faut dégager pour mieux les réfuter successivement.

1° La supériorité des mœurs américaines sur celles anglaises;

2° L'influence de la race et de la religion ;

3° Surtout l'influence de l'égalité et des institutions démocratiques.

M. de Tocqueville dit qu'une observation superficielle prouvera le premier point de ses propositions. J'admets avec lui que l'observation est superficielle, car il ne va pas au fond des choses, et il n'en voit que la surface; c'est en cela qu'il ne prouvera rien. Je vais

1. Ouvrage cité, p. 85.

faire ce que l'auteur n'a point fait, c'est-à-dire éclairer la question.

En Angleterre, les mœurs de famille peuvent n'avoir pas eu la même pureté qu'aux États-Unis, par cette raison que jusqu'en 1856 le divorce et la séparation de corps n'existaient que nominalement pour le plus grand nombre. En effet, les frais d'une instance de cette nature ne coûtaient pas moins d'une cinquantaine de mille francs, sans compter qu'il fallait perdre un temps énorme à s'égarer dans le labyrinthe de procédures ténébreuses et iniques qui répugnaient même à ceux que leur fortune mettait à portée de les affronter. Force était pour les époux mal assortis de prolonger indéfiniment une vie intolérable, sous le même toit, ou de se séparer plus ou moins volontairement, avec tous les dangers attachés à cette situation équivoque et malheureuse. De là des désordres de mœurs dont la loi doit porter la principale responsabilité.

Qu'on suppose un instant les mêmes lois régnant aux États-Unis, les mêmes désordres s'y produiraient vraisemblablement, et l'on en a pour garants les 3000 divorces environ qu'on y prononce chaque année! Il y a loin, en effet, d'un pays où le divorce et la séparation de corps sont impossibles, à celui où ils pullulent!

En creusant davantage, M. de Tocqueville aurait vu que le sol lui manquait pour établir son argument, et il l'aurait épargné aux Anglais. N'est-il pas regrettable qu'il se soit borné à s'en rapporter à des apparences seulement qui ne forment, comme il le dit lui-même, qu'une vue superficielle?

Le savant auteur n'insiste pas sur les raisons tirées de la race et de la religion, et effectivement elles n'auraient ici aucune portée; les Anglais pourraient les invoquer comme les Américains : le même sang coulant dans les veines des deux peuples, et tous les deux professant la même religion.

Il ne reste donc plus à l'auteur qu'à se retrancher sur l'égalité des conditions et sur les institutions démocratiques, pour établir cette supériorité de mœurs des Américains comparativement avec les peuples d'Europe.

Il explique[1] « que là où les rangs et les conditions sont identiques, rien ne gêne le choix pour les mariages, et que quand il y a pleine liberté, il ne peut y avoir que de bons choix, et par conséquent de bonnes mœurs. »

Cet argument a pour lui, il est vrai, toute l'apparence d'une vérité non discutable, mais, vu de près, la réfutation ne se fait point attendre :

S'il ne s'agissait que de l'indépendance pour le choix d'un mari, on ne peut nier que l'Anglaise n'en ait tout autant que l'Américaine; mais, d'après l'auteur, cette indépendance n'est que nominale pour l'Anglaise, car dans un pays aristocratique, il y a des lignes de démarcation qui sont une barrière à la liberté des choix, barrière qui n'existe point dans les pays démocratiques. J'admets le raisonnement dans une certaine mesure; toutefois, en Angleterre comme ailleurs, chacun vivant dans une sphère déterminée, les choix qui voudraient franchir certaines limites sont

1. Ouvrage cité, p. 85.

si rares, qu'ils ne peuvent autoriser une règle aussi absolue que celle posée par M. de Tocqueville.

Mais je vais plus loin : la France, qui est, pour l'auteur, toute monarchique, n'en a pas moins des institutions civiles très-démocratiques, qui pourraient en faire un objet d'assimilation avec les États-Unis. Toutefois, pour suivre le raisonnement de M. de Tocqueville qui n'admettrait pas cette assimilation, il faudrait dire que les mœurs de famille sont moins pures en France qu'aux États-Unis, par cela que chez nous, pays d'aristocratie et de monarchie, il n'y a pas, en réalité, égalité de conditions, pas plus que de démocratie dans nos institutions! On voit que je n'atténue en rien la proposition de l'auteur.

Cela étant, comment se fait-il que sur 36 millions d'habitants que l'on compte en France, il n'y ait chaque année, en prenant le chiffre le plus élevé, que 1900 séparations de corps environ, dont 200 seulement pour adultère; tandis qu'aux États-Unis, sur une population de 30 millions d'âmes, on compte au moins

3000 divorces par année (100 divorces environ par Etat), dont une partie a pour cause des adultères ? Je ne saurais préciser le nombre de cette dernière nature de divorces ; mais, si l'on en juge par les renseignements qui, de temps à autre, sont fournis par les journaux, ce nombre dépasserait de beaucoup celui des séparations de corps prononcées en France pour même cause !

On voit que j'oppose des faits précis à des données hypothétiques, dont j'annule les conjectures.

Comment peut-on maintenant affirmer la supériorité des mœurs américaines sur celles des peuples d'Europe ? Il ne faut pas oublier, en outre, que les nombreux divorces d'Amérique sont presque toujours suivis d'un autre mariage ; ce qui, aux yeux de beaucoup de moralistes, est considéré comme une polygamie qu'on appelle successive, pour la différencier de celle qui est simultanée. L'auteur, voulant tout rattacher aux institutions, ne fait point à la religion la part qui lui est due; car c'est elle qui agit sur les mœurs bien plus que telle ou telle forme de gouvernement! Mais en mettant la religion en première ligne, l'auteur se heurtait à deux écueils : ou il vantait le protestantisme, et alors l'Angleterre, dont il accusait les mauvaises mœurs, se jetait à travers sa route; ou il se montrait juste envers le catholicisme, et il infirmait ce qu'il avait à dire en faveur des Américains. C'est à cet embarras sans doute qu'on doit de voir la religion ne venir que sur le deuxième plan dans les considérations présentées par lui dans cette importante matière.

M. de Tocqueville suit la jeune Américaine dans l'état de mariage; il la montre[1] « sacrifiant désormais cette liberté, qu'elle savourait avec tant de plaisir, pour se résigner à la vie recluse de la maison conjugale qu'il qualifie de cloître, tant sera grande l'austérité de sa vie! » Il[2] la représente comme une sorte d'héroïne « supportant les revers de fortune de son mari avec une tranquille et indomp-

1. Ouvrage cité, p. 77.
2. *Idem*, p. 80.

table énergie. » Et il[1] n'hésite point à attribuer ces merveilleux résultats « à l'éducation domestique qu'elle a reçue, c'est-à-dire à l'indépendance sans limites dont elle a joui dans le jeune âge, et qui lui a permis de bien calculer à l'avance l'importance de l'acte qu'elle accomplissait en se mariant. »

Qu'on se reporte au tableau que j'ai présenté plus haut, et l'on verra que la raison de la jeune Américaine est loin d'avoir toujours la maturité que M. de Tocqueville lui suppose; elle a ses intermittences, et parfois elle chancelle là comme ailleurs. Les mariages *ex abrupto*, les mésalliances, les unions déterminées par des instincts aristocratiques, le nombre considérable de divorces, peuvent dispenser de toute autre preuve.

Quant à la vie cloîtrée et toute de sacrifices de la femme mariée, je regrette d'avoir à diminuer l'intérêt qui s'attache toujours au dévouement et à la résignation; mais une page d'histoire ne doit rien emprunter

1. Ouvrage cité, p. 77.

à la fiction, et le fait vrai peut seul trouver place ici.

Il faut donc dire que les portes du cloître sont bien mal fermées, puisque les femmes s'en échappent chaque jour pour des visites, des promenades, des spectacles, pour tout ce qui, en un mot, reproduit notre existence d'Europe!

Je me rappelle, à ce propos, avoir assisté à un sermon fait, dans une église presbytérienne, par un ministre tout à la fois érudit et éloquent. Ce sermon roulait sur l'emploi du temps par les femmes et les jeunes filles. L'orateur sacré s'élevait, avec une fermeté digne et mesurée, contre l'abus que les femmes américaines font de leurs loisirs, en promenades sans but, excepté peut-être celui d'étaler leur luxe, et de voir et d'être vues. Il leur disait qu'il y avait mieux à faire, et il signalait à leur sollicitude un établissement de charité qui recevait un certain nombre de jeunes filles manquant de ressources, et ayant besoin surtout de conseils et d'encouragements qui leur seraient précieux, s'ils leur venaient de femmes du monde qui n'auraient point de fonctions professionnelles à remplir auprès d'elles. Le ministre recommandait aux femmes de visiter cet établissement et d'autres de même genre, et de donner leurs consolations à ces affligées. C'était, après leurs devoirs domestiques, le meilleur emploi de leur temps, et la meilleure éducation pour les jeunes filles du monde.

Il est regrettable que M. de Tocqueville n'ait point entendu cette touchante homélie sur le devoir de la femme chrétienne; il aurait vu que nous sommes un peu loin du cloître qu'il nous faisait redouter, et qu'à tout prendre, la femme anglaise vit bien plus retirée dans son cottage que la femme américaine, malgré son éducation dite démocratique.

Voici une nouvelle proposition.

« Les Américains[1], dit le savant publiciste, considèrent le mariage comme un contrat souvent onéreux, mais dont ils sont tenus,

1. Ouvrage cité, p. 87.

à la rigueur, d'exécuter toutes les clauses, parce qu'on a joui de la liberté entière de ne s'obliger à rien. »

Un juge éminent des États-Unis renverse cette édifiante théorie, en disant[1], ainsi que je l'ai rapporté plus haut, « que dans l'État qu'il habite, les citoyens considèrent que de tous les contrats, le mariage est celui qui oblige le moins, et qu'il ne faut rien de plus pour le dissoudre qu'une simple demande adressée à cet effet aux tribunaux compétents. » Les nombreux divorces prononcés chaque année, la grande nomenclature des causes qui les motivent, prouveraient, de reste, que cette remarque du magistrat peut s'appliquer à tous les États de l'Union. En présence de ces faits, qui sont indiscutables, que devient la théorie de M. de Tocqueville?

Cet auteur ne dissimule pas qu'il voudrait pour la femme une égalité de position avec son mari, et il dit[2] « que le mouvement social qui rapproche le fils et le père, le ser-

1. Bishop, *On marriage and divorce*, § 290.
2. *De la Démocratie en Amérique*, p. 99, vol. IV.

viteur et le maître, élève la femme, et doit de plus en plus, en faire l'égale de l'homme. » J'ai exprimé ce vœu plus haut, comme le fait M. de Tocqueville, mais il paraît que le mouvement qui a rapproché le serviteur et le maître est bien lent à faire un raprochement analogue entre le mari et la femme. Il faut croire qu'il n'y a pas entre les faits de la vie pratique le même enchaînement que dans les idées de l'auteur, surtout quand des positions sont si dissemblables. On a vu plus haut que tout récemment encore, dans deux États, les législatures avaient repoussé deux propositions qui n'avaient cependant pour objet que d'accorder à la femme les droits les plus simples qu'on pût réclamer pour elles; et que l'opinion générale, à quelques exceptions près, était persistante à la laisser dans l'infériorité civile où elle se trouvait placée depuis fort longtemps. Les institutions démocratiques, on le voit, sont bien moins favorables à la femme que nos institutions françaises dites monarchiques! Que si l'on prétend que les institutions ne sont pour rien dans tout ceci, nous avons encore le droit de dire que la race franque est plus avancée en civilisation que la race anglo-saxonne, puisque, reconnaissant à la femme une raison et une aptitude dont il n'est pas permis de douter, nous lui accordons des droits qui sont en rapport avec ses facultés, alors qu'on les lui conteste obstinément au delà de la Manche et de l'Atlantique!

Cependant M. de Tocqueville cherche à établir que la situation de la femme, telle qu'elle est, a bien son côté important, et il dit[1] « que l'Amérique est le pays où l'on a pris le soin le plus continuel de tracer aux deux sexes des lignes d'action nettement séparées. Il ajoute que si l'Américaine ne peut s'échapper du cercle paisible des occupations domestiques, elle n'est, d'autre part, jamais contrainte d'en sortir; de là vient qu'elle fait voir souvent une mâle raison et une énergie toute virile[2]. »

Je commence par avouer que je ne me

1. Ouvrage cité, p. 97.
2. *Idem*, p. 99.

rends pas bien compte des conséquences logiques que l'auteur tire de sa proposition. En quoi donc la nécessité pour la femme de s'occuper de soins domestiques et la faculté de n'en pouvoir être distraite pour d'autres travaux, peut-elle engendrer tant de raison et une énergie si virile? Quelle est la connexité de ces deux idées? Mais, en supposant la justesse du raisonnement, pourquoi donc ne reconnaîtrait-on pas à la femme anglaise qui est dans une situation parfaitememt identique, les mêmes vertus et le même courage? L'auteur a vu de près la société en Angleterre et en Amérique, comme je l'ai fait moi-même, et il lui serait bien impossible de dire en quoi la femme anglaise est inférieure en qualités viriles à la femme américaine!

Si les mêmes résultats se produisent chez des femmes de même origine, dans des pays gouvernés par des institutions si différentes, qu'a donc à faire la démocratie dans tout ceci?

L'auteur continue et dit[1] : « Jamais les

1. Ouvrage cité, p. 100 et 101.

Américains n'ont imaginé que la conséquence des principes démocratiques fût de renverser la puissance maritale et d'introduire la confusion des autorités dans la famille. » « Il m'a semblé, ajoute-t-il un peu plus loin, que les femmes américaines se faisaient une sorte de gloire du libre abandon de leur volonté, et qu'elles mettaient leur grandeur à se plier d'elles-mêmes au joug et non à s'y soustraire ! » Il termine cet ordre d'idées en disant : « L'on n'entend point aux États-Unis, d'épouse adultère réclamer bruyamment les droits de la femme, en foulant aux pieds les plus saints des devoirs. »

En lisant ces passages transcrits littéralement, il m'a semblé voir ressusciter ces matrones spartiates des premiers temps, qui affectaient un stoïcisme qu'on nous a si longtemps présenté comme le beau idéal de la vie, et qui ne nous paraît plus aujourd'hui qu'un excès d'orgueil. Bien heureusement la femme américaine n'a point eu ce travers, et elle n'a point gâté son heureux naturel par ces vertus de convention qui ne valent pas les siennes, et qui ne sont plus de notre siècle. Au foyer domestique elle tient une place convenable, mais elle veut aussi avoir sa place sous le soleil; et si les promoteurs de réformes cherchent à la lui faire trop large, c'est la faute des mœurs et non des institutions démocratiques, que l'auteur fait encore intervenir on ne sait pourquoi! Ce mouvement réformiste existe partout dans l'air, chez tous les peuples, il n'y a rien là qu'on puisse considérer comme une anomalie.

Est-il donc besoin d'être une femme adultère, comme semble le dire M. de Tocqueville, pour réclamer des droits légitimes? Et en supposant même ces demandes exagérées et la forme dans laquelle elles sont faites tout à fait exorbitante, comme par exemple la protestation faite par Mme Stone dans son acte de mariage[1], ces excentricités ne préjugent en aucune manière un désordre de mœurs chez les femmes qui s'en donnent le tort. Le vent est à la réforme; mais s'il agite les ima-

1. Voir plus haut, p. 102.

ginations, il ne trouble point pour cela la vertu!

Le mouvement réformiste en faveur des femmes gagne du terrain, lentement il est vrai, mais il arrivera indubitablement à obtenir pour elles une amélioration raisonnable de leur condition. Dans la vie pratique, on peut remarquer une émancipation assez nettement accusée, avec des aspirations plus grandes encore; c'est précisément tout le contre-pied de la vie d'effacement et de sacrifice que nous présentait M. de Tocqueville!

L'auteur complète ses idées sur cet important sujet par les remarques suivantes[1] :

« Quoique aux États-Unis la femme ne sorte guère du cercle domestique, et qu'elle y soit, à certains égards, fort dépendante, nulle part sa position ne m'a paru plus haute. »

L'auteur se reporte sans doute à ce qu'il a dit antérieurement, lorsque, parlant de l'instabilité des fortunes américaines, il repré-

1. Ouvrage cité, p. 104.

sente les femmes[1] « comme supportant ces révolutions avec une tranquille et indomptable énergie, suivant leurs maris partout dans les solitudes de l'Ouest jusqu'aux limites du désert, et faisant abnégation de leurs souvenirs d'opulence pour vivre dans des huttes mal fermées, au sein des bois, bravant la fièvre, la solitude, l'ennui; rien ne brisant les ressorts de leur courage. »

L'auteur ajoute[2] « qu'il ne doute point que les femmes américaines qu'il a rencontrées souvent dans ces conditions, n'aient amassé dans leur éducation première cette force intérieure dont elles faisaient usage. »

Il termine en disant[3] : « Maintenant que j'ai montré tant de choses considérables faites par les Américains, si l'on me demandait à quoi je pense qu'il faille principalement attribuer la prospérité singulière et la force croissante de ce peuple, je répondrais que c'est à la supériorité de ses femmes. »

1. Ouvrage cité, p. 80 et 81.
2. *Idem*, p. 81.
3. *Idem*, p. 104.

Je crois que les Américains qui ont lu ces passages dans l'original ou qui les trouveront ici pour la première fois, seront un peu surpris d'apprendre que leur immense prospérité est due à la supériorité de leurs femmes!

Ce n'est pas moi, à coup sûr, qu'on trouvera en défaut chaque fois qu'il s'agira de rendre hommage à toutes les vertus et à toutes les qualités que possèdent les femmes d'Amérique; mais leur faire un mérite spécial de l'immense fortune de ce pays, c'est leur attribuer sur l'esprit de leurs maris un ascendant exceptionnel et en même temps général, qui est en désaccord complet avec l'observation des faits et avec la nature même des choses. Il y a loin de là, ce me semble, à ce que me disaient plusieurs chefs d'écoles supérieures de jeunes filles, à savoir : que si on leur apprenait les sciences exactes, c'était moins pour augmenter leurs connaissances que pour contre-balancer la légèreté d'esprit naturelle à la femme!

J'admets avec M. de Tocqueville que les femmes américaines sont capables de grands sacrifices et de beaucoup de résignation en présence des catastrophes qui peuvent frapper leurs maris, et qu'elles ont assez d'énergie pour les aider à reconstituer leur fortune, non par un travail quelconque, puisque les mœurs s'y opposent, mais en les suivant partout, au milieu des privations et en butte aux maladies des contrées désertes où ils se réfugient. C'est là un véritable mérite, un mérite incontestable. Mais est-il bien vrai que ce soit l'influence d'une éducation démocratique qui puisse seule faire éclore de si grandes qualités ?

L'auteur dit qu'il a vu souvent de ces exemples d'abnégation sur les limites du désert. Je crois que le mot *souvent* est plus courtois qu'il n'est d'accord avec les faits ; car moi aussi j'ai visité l'Ouest, et à une époque où il était bien plus largement exploité qu'au temps où M. de Tocqueville a visité l'Amérique, et je dois dire que les exemples de dévouement dont il parle m'ont paru de très-rares exceptions, non pas sans doute que le dévouement se soit amoindri, mais les occasions de pareils sacrifices sont heureusement peu communes!

S'il fallait prendre à la lettre la proposition de M. de Tocqueville sur l'influence de l'éducation démocratique et protestante produisant tant et de si magnanimes qualités, il faudrait plaindre les femmes qui sont nées et sont obligées de vivre sous des institutions différentes. Le catholicisme surtout, qui croit avoir produit des dévouements angéliques et qu'on compterait par millions chez des femmes de toute condition, se croirait en droit de réclamer, et peut-être qu'en appelant à M. de Tocqueville mieux informé de M. de Tocqueville un peu prévenu, il arriverait à obtenir pour ses ouailles une égalité de position avec les femmes protestantes. Ce ne serait pas trop demander, et sans aucun doute la concession en serait faite. Mais sortons de ces généralités et prenons les faits :

M. de Tocqueville n'a-t-il donc vu en Amérique que des dévouements américains parmi les femmes qu'il a rencontrées près du désert? Ne lui est-il point arrivé d'y trouver aussi des femmes d'émigrants d'Europe que des malheurs, souvent immérités, avaient chassés de leur pays, pour chercher dans le nouveau monde des moyens d'existence et l'espérance d'un meilleur avenir?

La plupart de ces émigrants n'ont jamais connu, il est vrai, l'opulence, et sous ce rapport il n'y a point sacrifice dans le sens que l'auteur y attache; mais un certain nombre ont connu l'aisance, et la preuve en est: c'est qu'ils ont déjà apporté aux États-Unis plus d'*un demi-milliard* de notre monnaie! Or les femmes de ces émigrants, qui les ont accompagnés, ont dû éprouver, elles aussi, combien était pénible et dure cette vie du désert! Ont-elles montré moins de courage, moins de résignation que les Américaines? Personne n'oserait le dire. Et cependant leur sort était pire que celui des femmes du nouveau monde! car elles abordaient un pays qui leur était inconnu; souvent même elles n'en savaient pas la langue; et puis il leur avait fallu dire adieu, sans retour peut-être, à leurs pères, mères, frères, amis, à tout ce qui, dans ce monde, résume nos plus chères affections! C'était pour elles un exil perpétuel, ce qui n'arrive jamais aux Américaines qui restent dans leur patrie et qui conservent l'esprit de retour au lieu qui les a vues naître. Ajouterai-je que quelque chose de plus pénible encore pèse sur l'existence de ces nouveaux venus? C'est un préjugé de race et de religion qui les poursuit partout et ne leur laisse ni paix ni trêve jusque après un long temps d'acclimatation! Le dévouement de ces femmes n'est-il donc pas beaucoup plus grand encore que celui des femmes américaines? et qui donc s'aviserait de dire qu'il a fallu une forte éducation démocratique protestante pour produire de si mâles vertus?

Mais cherchons un autre terme de comparaison plus saisissant encore et qui nous touche de plus près.

Tout le monde a conservé le souvenir de l'immense catastrophe des Français à Saint-Domingue! Les colons appartenaient à des familles nobles ou de riche bourgeoisie; et lorsque le massacre commença, il n'y eut qu'un petit nombre de ces infortunés qui purent, par une fuite rapide et à travers mille dangers, échapper à cette boucherie et aborder, sur de frêles embarcations, les rives hospitalières des États-Unis et de Cuba. Réduits à la plus grande détresse, ils furent obligés de travailler pour vivre, de s'imposer les plus rudes privations, quelquefois de se soumettre à une condition subalterne, pour ne point mourir de faim et de misère ! Tous, ou la plupart au moins, réussirent, à force de travail, de privations, d'économie, à acquérir sinon la richesse, tout au moins une honorable aisance. Au milieu de ces infortunes peu communes, les femmes se firent remarquer par leur énergie morale, par l'abnégation la plus complète, et par l'oubli d'un passé qui n'aurait pu, en leur rappelant des jouissances perdues, qu'amollir leur courage! M. de Tocqueville a pu voir, comme moi, en Pensylvanie, dans la Caroline, à Cuba, quelques-uns de ces nobles débris d'un immense naufrage; il a dû apprendre, comme moi, avec un mouvement d'orgueil bien excusable, la place honorable que ces émigrants, et leurs femmes surtout, occupaient dans l'opinion publique! Ce souvenir tout français aurait dû, ce me semble, arrêter la plume du savant publiciste, et l'empêcher d'attribuer, par voie de théorie, à la femme américaine, une sorte de monopole des plus hautes vertus dues, suivant lui, à l'éducation démocratique de son modèle!

Quant à l'influence décisive des femmes américaines sur la prospérité et la richesse des États-Unis, après tout ce que j'ai dit dans cette étude, il faut renoncer à discuter une pareille proposition qui tendrait à effacer par trop les maris de ces femmes exceptionnelles, alors que l'évidence est là pour établir que c'est à l'indomptable énergie de l'Américain, marié ou non, et à sa seule initiative, qu'est dû cet immense succès, aidé d'une foule de circonstances extérieures qui y ont une grande part.

Je suis arrivé au terme de cette trop longue controverse, et je la résume en disant :

1° L'indépendance fort grande de la jeune

Américaine est due, pour la plus grande part, à la race à laquelle elle appartient, à la religion qu'elle professe, et aux traditions importées d'Angleterre. L'éducation qu'on lui donne au milieu de la démocratie ne fait qu'augmenter cette prédisposition, sans en être en aucune façon la cause déterminante; témoins les jeunes Anglaises, qui jouissent de la même indépendance, avec un degré d'exagération de moins.

2° A tout prendre, l'éducation de la jeune Française, toute timide et restreinte qu'on peut la représenter, n'amène pas des unions moins bien assorties qu'aux États-Unis où pullulent les divorces.

3° La condition de la femme mariée, en Amérique, malgré les institutions démocratiques, n'est pas différente de celle de la femme en Angleterre, car les lois des deux pays leur refusent les droits civils dont jouit depuis fort longtemps la femme française qui appartient à un pays monarchique.

4° L'existence de la femme américaine n'est point basée sur le sacrifice, elle jouit de la même liberté que les femmes d'Europe; et nulle part ailleurs peut-être, l'existence au pied levé n'est plus propagée que dans le nouveau monde.

5° Si des revers viennent atteindre les femmes américaines, elles savent, à n'en pas douter, les supporter avec courage et y faire les plus grands sacrifices; mais de nombreux exemples prouvent, en Amérique même, que les femmes d'Europe, appartenant à une autre race, professant une autre religion, élevées dans des contrées monarchiques, se trouvant dans des conditions identiques d'infortune, montrent, sans ostentation, un courage, une résignation, une abnégation qui ne le cèdent en rien, s'ils ne sont supérieurs, aux vertus des Américaines!

6° Les mœurs de famille, en France, ne sont pas inférieures à celles des familles américaines; les statistiques des deux pays nous donneraient même un avantage que je n'invoque pas.

7° La grande prospérité des Américains n'a rien à faire avec l'influence des femmes, ainsi que je l'ai prouvé plusieurs fois dans le cours de cette étude : l'honneur en revient aux Américains eux-mêmes qui doivent, en bonne justice, admettre comme auxiliaire très-efficace le concours d'une foule de circonstances heureuses et exceptionnelles, comme aucun peuple n'en a jamais rencontré, je pense.

8° On ne peut faire hommage à la démocratie de l'influence que M. de Tocqueville lui attribue sur les mœurs, sur la femme et sur la famille, car on trouve ailleurs qu'en Amérique, sous l'empire d'institutions différentes, des mœurs aussi bonnes, des femmes aussi dévouées et des familles aussi régulières que les meilleures familles d'Amérique.

9° Enfin si l'on devait attribuer à la démocratie, en Amérique, une influence directe sur le mariage, la femme et la famille, ainsi que le prétend M. de Tocqueville, il faudrait nécessairement, en présence des faits constatés dans le cours de cette étude, reconnaître que cette influence n'est autre qu'un développement sans mesure de l'indépendance personnelle, ce qui constitue partout et toujours un dissolvant, loin d'être un agent conservateur.

Les divergences notables que j'ai relevées entre M. de Tocqueville et moi doivent faire naître dans l'esprit du lecteur le désir d'en pénétrer les causes. Mais il ne m'appartient pas d'entrer dans cette voie. Je dirai seulement que s'il s'est opéré des modifications dans les mœurs en Amérique, elles ne vont pas jusqu'à montrer aujourd'hui une physionomie complétement différente de ce qu'elles étaient lorsque l'auteur les a observées.

En effet, j'ai rapporté plus haut que déjà, en 1816, c'est-à-dire plus de quinze ans avant le voyage de M. de Tocqueville, le président de Yale-College, l'une des plus importantes universités des États-Unis, se plaignait amèrement, devant une assemblée importante, du nombre considérable de divorces qu'on remarquait déjà dans le Connecticut, l'État le plus puritain de l'Union. Si donc en 1816 les mœurs avaient ce caractère bien accusé, il est difficile d'admettre qu'elles aient échappé au regard scrutateur du savant observateur;

et d'un autre côté, s'il les avait remarquées, que devient sa théorie de l'influence démocratique sur les mœurs de famille?

Je dois m'arrêter ici. Je termine en exprimant mon vif regret de ces divergences; mais j'ai exposé les faits et les preuves à l'appui, et toutes mes preuves sont d'origine américaines, par conséquent non supectes, le lecteur prononcera. Je me retrouverai plus tard, une fois encore, en présence de M. de Tocqueville, sur le terrain des institutions américaines elles-mêmes, lorsque j'aborderai ce sujet, dont je m'occupe. Parfois il m'arrivera de partager ses idées, et je désire bien que ce soit le plus souvent possible. Parfois aussi je serai en dissentiment avec lui, mais alors comme aujourd'hui, nous aurons le même juge pour décider. Je ne produirai les dissentiments que tout autant qu'il y aura nécessité de le faire, et à titre de devoir de conscience. Je ne dois pas oublier que si la discussion réclame la courtoisie, l'histoire exige la vérité sans illusions.

XXXV

Tendance fatale des mœurs contre le but du mariage.

J'aborde ici, quoiqu'à regret, une considération grave qui se rattache intimement au but du mariage, et qui dénote une notable altération des mœurs de famille aux États-Unis. Je ne veux pas généraliser plus qu'il ne convient, et à Dieu ne plaise surtout que je veuille rendre toute une nation solidaire des fautes d'un petit nombre. Mais quand des hommes parfaitement placés pour connaître les faits sonnent le tocsin d'alarme, il faut que le mal soit déjà assez grand et menace de le devenir davantage encore. Les Américains ont très-bien compris, comme les Anglais, que le mariage a pour but immédiat la paternité, et qu'en même temps qu'il y a là une grande joie pour le foyer domestique, c'est aussi une source abondante de richesses pour le pays. Fidèle à ces idées, le peuple américain a pratiqué amplement le précepte de l'Écriture : Croissez et multipliez [1] ! Aussi n'est-il pas de nation au monde, peut-être, où l'accroissement de population ait été aussi rapide qu'aux États-Unis, même abstraction faite de l'immigration européenne qui a grossi ce nombre dans des proportions jusqu'alors inouïes.

Avec la fortune provenant tout à la fois d'un travail honorable et de circonstances heureuses, le besoin de bien-être, de luxe même, s'est fait sentir; et comme rien dans ce pays ne se fait à demi, les dépenses ont été portées à un point d'exagération et de folie qui ne le cède en rien au luxe de l'Europe. Un certain nombre de femmes mariées qui étaient restées longtemps femmes d'intérieur, se sont laissées aller à ce travers du siècle, et obligées qu'elles étaient de trouver les moyens de faire face à ces dépenses,

1. Voir l'appendice n° 3.

et de diminuer les soucis de leur ménage, elles en sont arrivées à *économiser* sur la famille. Si, généralement, l'idée d'économie se lie intimement à celle de prévoyance, il en est tout autrement ici : l'imprévoyance donne naissance au regret, et le regret, qui est hostile à la famille, provoque au crime. C'est ainsi qu'on voit des mères dont l'union légitime a été bénie, repousser le présent que Dieu leur a fait, et étouffer sans scrupule la maternité dans ses espérances. Le secret dont elles s'enveloppent témoigne assez que leur conscience n'est pas en repos; mais, comme elles ont pour auxiliaires leurs maris, peut-être se persuadent-elles qu'en partageant la faute elles en diminuent la responsabilité. Triste condition de moralité qui, si elle gagnait du terrain, serait de nature à affecter profondément le caractère de la nation.

C'est justice de dire, à l'honneur du corps médical, que tous les médecins, pour peu qu'ils aient de considération, repoussent toute complicité avec ces pratiques criminelles et les blâment ouvertement. Mais il se trouve assez d'hommes encore qui, médecins ou non, tirent de grands profits de cette coupable industrie. Par exemple, on cite à New-York une vingtaine de médecins ou se disant tels, dont c'est presque la seule ressource, et dont on connaît la spécialité à certaine marque particulière qui accompagne leur nom. Puis on s'est ingénié à faire indirectement ce que la loi défend en termes formels. C'est ainsi qu'on publie dans les journaux de l'Union des annonces indiquant qu'il faut se garder de prendre tels médicaments dans la situation donnée, ce qui signifie, par antiphrase, qu'on les recommande dans ce cas spécial.

On peut se représenter, sans chercher aucunement à les justifier, des parents qui, voulant à tout prix sauver l'honneur de leur fille, compromis dans un moment d'égarement, font taire tous leurs scrupules, et s'étourdissent sur les moyens destinés à échapper à la honte que lui infligerait l'opinion. Mais que de pareilles pratiques s'introduisent froidement dans le mariage, du conseil et sous la direction du mari, dans un but déplorable, c'est là un lamentable sujet de réflexion, non-seulement au point de vue de la criminalité, mais encore parce qu'on souille l'esprit et qu'on déprave le cœur de la femme, et qu'on l'expose, sinon à la mort (ce qui arrive quelquefois), tout au moins à une détérioration de santé irrémédiable.

Des hommes d'une morale facile en sont arrivés à ce point de trouver presque étrange, même osé, l'homme qui élève la voix pour dénoncer ce désordre! Il faut cependant donner ici une explication qui pourrait atténuer en une certaine mesure la faute de quelques mères.

La loi commune anglaise, qui est encore le droit commun aux États-Unis, en cette matière, établissait des distinctions pour déterminer le commencement du principe de vie, et suivant que la tentative était antérieure ou postérieure à cette époque, il n'y avait point ou il y avait *délit*[1]. Je me sers à dessein de

1. Wharton, *On american criminal law*, §§ 1220 et suiv.

cette dernière expression, car la loi, même dans le cas le plus défavorable, ne voyait là aucun crime, ce n'était qu'un simple délit. Mais depuis longtemps déjà la science a fait justice de ces subtilités qui ne reposaient que sur des observations superficielles, ainsi que l'a très-bien prouvé M. Orfila, dans son *Traité de médecine légale* [1].

Des expériences concordantes ont été faites en Angleterre, et dès lors le législateur a été mis en demeure de réformer la loi ; c'est ce qui a eu lieu par trois actes successifs dont le dernier, passé sous le règne de la reine Victoria, est conforme aux bases de la loi française. Mais en Amérique, sauf trois États qui ont plus ou moins comblé les lacunes et les défectuosités de la loi commune, les autres États tiennent pour constants les principes posés par cette loi, sans se préoccuper des certitudes que la science a données à la morale publique. Il est cependant à côté de la loi une conscience intime dont l'empire est

1. *Traité de médecine légale*, vol. I, p. 226.

supérieur, et qui, sans aucun doute, a bien souvent arrêté la main prête à commettre le crime. Mais quand cette conscience s'égare, il faut l'obliger à rentrer dans sa voie, et tous les cœurs droits et honnêtes doivent réunir leurs efforts pour sortir de cette atmosphère morbide qui enveloppe aujourd'hui les familles.

Les médecins ont été les premiers à signaler le mal, et quelques-uns d'entre eux ont pris l'initiative de résolutions ayant pour objet de solliciter des législatures d'États, des lois nouvelles en harmonie avec la récente législation anglaise.

Mais certaines gens sont arrivées à ce degré d'hypocrisie, que le journal de médecine, qui, à Boston, s'est fait l'organe de la publicité d'une de ces enquêtes, a été vertement réprimandé par un de ses confrères, et par des lettres particulières, comme si la publicité, qui est l'âme de ce pays, n'était pas le meilleur moyen de flétrir ces mœurs relâchées, en les dénonçant au nom de la morale qu'elles outragent. On peut être édifié sur l'étendue du mal, en consultant le journal de médecine et de chirurgie de Boston, auquel je viens de faire allusion, numéros du 13 décembre 1855, 7 et 18 mai 1857. L'un de ces articles rend compte d'une séance d'une Société de médecine de l'État du Massachusetts, dans laquelle, après l'exposition de faits graves, on propose de solliciter de la législature, des mesures répressives énergiques contre cette calamité publique. Un autre journal sérieux de Boston, plus spécialement consacré aux choses religieuses, *the Boston Traveller*, du.... juin 1857, en relatant les travaux d'une autre Société de médecine sur ce sujet, s'élève avec force contre ces mêmes pratiques. Enfin le *Chicago Tribune* du 13 juin 1857 (journal important de l'ouest), dénonce des faits identiques comme se propageant, et appelant de sévères répressions.

Mais il est un document qui, partant d'un autre point des États-Unis, complète la notoriété sur ce grave sujet; je veux parler d'un discours de rentrée prononcé par un professeur très-estimé de l'une des principales écoles de médecine des États-Unis [1]. Ce discours, qui est l'introduction à la session de 1854-1855, traite le sujet *in extensò*. Je me bornerai à la citation atténuée de quelques passages :

« Nous rougissons en rappelant le fait que dans ce pays, dans nos villages, dans nos autres centres de population, dans cette ville même, où la littérature, la science, la moralité et le christianisme sont supposés avoir tant d'influence, où toutes les vertus domestiques et sociales sont, dit-on, dans leur plein exercice, même ici, dis-je, il se trouve des hommes et des femmes qui trempent continuellement leurs mains et leur conscience dans le sang d'enfants qui n'ont pas encore vu le jour.

« Le sens moral de la communauté est descendu si bas, il y a tant d'ignorance répandue parmi les individus, à ce sujet, que les mères, dans beaucoup d'occasions, non-seulement n'éprouvent aucune répulsion pour un tel

1. *On Crimina abortion*, by H. L. H..., Philadelphia, 1854.

crime, mais même le commettent volontiers, en violation de tout sentiment naturel et en opposition aux lois divines et humaines. Il y a probablement peu de médecins ayant une clientèle étendue dans cette spécialité, qui n'aient eu de fréquentes sollicitations de la part de pères et de mères, de bonne compagnie d'ailleurs, pour les aider à supprimer le fruit d'un plaisir illicite, dans le vain espoir de conserver par là leur réputation intacte.

« Les femmes mariées elles-mêmes, se portent à ces extrémités, pour se débarrasser du souci, des dépenses et des tracas de la famille, ou pour tout autre motif léger et dégradant. Et quand on leur expose la criminalité du fait, il se manifeste chez elles une expression de surprise vraie ou supposée, à l'idée qu'on puisse trouver cette action blâmable et surtout coupable. Et cependant, sur le refus du médecin honnête homme, elles ne s'en livrent pas moins à des charlatans qui, pour une pièce de monnaie, les aident à commettre le crime, même au risque de mettre en danger les jours de cette mère ignorante ou coupable.

« Mais cette basse appréciation de la situation n'est point limitée aux gens ignorants des classes inférieures ; le mal a gagné les femmes des classes élevées qui ont reçu de l'éducation, dont les manières sont raffinées et qui appartiennent à la fashion. La contagion a gagné aussi les mères dont la moralité, à d'autres égards, est sans reproche ; dont le dévouement et l'affection sont pleins d'abnégation pour les enfants qui déjà composent leur famille. »

Le professeur termine en disant que « c'est le devoir des médecins de rectifier l'opinion publique sur ce sujet ; ils doivent solliciter les législatures pour obtenir des lois destinées à combattre utilement le mal ; ils doivent fournir aux moralistes et aux théologiens, les faits avec lesquels ceux-ci pourront agir efficacement sur le sens moral de la masse, surtout sur les gens de condition élevée, pour détruire à toujours de pareilles mœurs, en faisant bien comprendre aux pères et aux mères l'étendue de la responsabilité qui pèse sur eux en pareil cas. »

Je borne là mes citations, malgré l'intérêt que présente le document tout entier.

Si, à ces témoignages américains, il en fallait un autre encore, d'origine européenne, je citerais un travail de statistique fait, en 1856, par M. Ambroise Tardieu, médecin très-distingué de la Faculté de Paris, travail destiné à établir l'état de la criminalité en France, sous ce rapport spécial[1]. L'auteur, après avoir produit les faits qu'il a recueillis chez nous, les compare avec ceux similaires qu'il a observés à New-York, et il arrive à la conclusion : « que les crimes de cette nature qui se commettent dans cette dernière ville, dépassent de beaucoup ceux qui ont lieu en France, toute proportion gardée. »

En se basant sur les rapports officiels de New-York, M. Tardieu a omis de signaler deux points importants qui auraient jeté une plus vive lumière sur son travail et auraient rapproché davantage ses calculs de l'état réel des choses. Il aurait pu dire d'abord, que la

1. *Annales d'hygiène publique et de médecine légale*, 2e série, t. V, p. 113 et suiv.

police de New-York, qui constate les faits qualifiés crimes ou délits étant la plus défectueuse de toutes les polices, beaucoup de méfaits restent inaperçus ou sont volontairement laissés dans l'ombre. De plus les distinctions de la loi commune d'Angleterre innocentant des faits reconnus en France, comme criminels, il reste forcément en dehors des statistiques et des rapports officiels un grand nombre de cas qui, sans cela, grossiraient encore le budget spécial de la criminalité américaine, et feraient mieux ressortir la grandeur du mal.

J'ajoute qu'en France, pareil crime n'a généralement lieu que pour cacher une faute, ce qui n'admet point la complicité du mari. Observation fort importante à noter!

Il n'a fallu rien moins que la considération d'un service à rendre aux Américains, pour me décider à publier ces observations, et je serais trop heureux si, répondant à l'appel public fait par le savant professeur dont j'ai cité le rapport, je pouvais venir en aide aux efforts honorables et persévérants des médecins des Etats-Unis, qui gémissent de cet état de choses, et voudraient avoir la puissance d'y mettre un terme. Il faudrait surtout faire cesser cette tolérance excessive de la société qui n'inflige que bien rarement des condamnations; et encore les pénalités ne frappent-elles que des individus sans patronage spécial, ce qui constitue une aristocratie dans le crime, et un privilége de plus dans la démocratie!

XXXVI

Familles modèles.

Je termine en disant, qu'au milieu de ce relâchement de mœurs, on trouve encore aux États-Unis, bon nombre d'excellentes familles, chez lesquelles aucune des traditions patriarcales n'est altérée, et qui sont heureuses de tous les enfants que Dieu leur envoie. Leur existence est à la fois simple et digne; elles pourraient servir de types, en ce qu'elles résument merveilleusement le respect de soi-même, une grande pureté de mœurs, l'observation des devoirs religieux, l'autorité paternelle, la déférence filiale, l'union intime et affectueuse de tous les membres de la famille, l'ordre, l'économie bien entendue, et toutes les qualités du vrai citoyen.

Il est digne d'observation que ces qualités se font le plus remarquer parmi les savants, les hommes de lettres, les professeurs, les jurisconsultes et les médecins de quelque distinction. Chez eux, les qualités morales sont le cortége obligé, pour ainsi dire, du véritable talent. On ne voit point parmi eux, comme nous l'avons vu en France, des hommes d'un esprit incontestable et d'une valeur spéciale reconnue de tous, ériger à peu près en maxime que le haut développement des facultés intellectuelles comporte des excentricités de conduite qui en sont comme la manifestation la plus certaine.

Le relâchement est ingénieux dans ses moyens de justification, mais il n'a point heureusement la puissance d'une grande expansion. Félicitons les hommes distingués d'Amérique de ne point adopter des maximes si commodes, et de conserver précieusement ces vertus solides qui sont indispensables à l'homme éminent, car il ne faut pas l'oublier : talent oblige!

J'ai été assez heureux pour voir de près les familles remarquables dont j'ai parlé plus haut, et je tiens à leur rendre cet hommage public qui est une compensation au blâme donné à ceux qui s'éloignent d'aussi dignes modèles. Ces familles restent comme l'espoir d'un meilleur avenir pour une société à laquelle il ne manque que des chefs courageux et dévoués, prêchant d'exemple et s'efforçant d'être les fidèles continuateurs des fondateurs de ce pays.

APPENDICE

APPENDICE.

I

Sur les mariages de pasteurs, célébrés par eux-mêmes.

J'ai mentionné page 71, le mariage d'un pasteur protestant, en Angleterre, mariage célébré par lui-même, et déclaré valable par la cour du banc de la reine.

Pareille union a eu lieu aux États-Unis, ainsi que je vais le rapporter, et ce n'est pas un exemple isolé. Un journal répandu dans l'ouest, *the Chicago Tribune* du 3 janvier 1857, relate ainsi le fait dont je veux parler :

« La congrégation de l'Église presbytérienne de Cumberland, à Louisville, fut singulièrement mise en émoi il y a quelques jours. Pendant le service du soir, le révérend Newman, pasteur de cette congrégation, après le sermon par lui fait à ses ouailles, descendit de la chaire et se dirigea vers une jeune personne de l'auditoire, avec laquelle son mariage était convenu. Séance tenante, il remplit lui-même les formalités usuelles de célébration, et il se trouva bien et dûment marié. »

N'est-il pas étrange de voir un pasteur se posant à lui-même les questions et se faisant les réponses pour déterminer son consentement? Que diraient les Romains, eux si formalistes, s'ils revenaient parmi nous, en voyant des façons si expéditives et si peu propres à assurer la garantie de la liberté et de la volonté des femmes?

II

Études de mœurs aux eaux.

J'ai parlé, page 115, de la vie dissipée aux eaux ; mais j'ai oublié une circonstance assez curieuse qui mérite d'être rapportée ici à titre d'autorité.

Je me rappelle avoir rencontré, à la fin de l'été de 1856, en chemin de fer, un ministre protestant qui revenait, comme moi, des eaux de Saratoga, lieu extrêmement fréquenté par des Américains de toutes les conditions. Ce ministre s'aperçut que j'étais étranger, il s'approcha de moi, et une conversation s'engagea entre nous. Il aborda le chapitre des mœurs dont nous venions d'être témoins, et il ne me dissimula point que l'extravagance du luxe et la vie folle et dissipée que nous avions observée n'était pas nouvelle pour lui ;

qu'elle était répandue partout, et que c'était un grand écueil pour la vie domestique. Je lui fis part que j'avais lu tout récemment dans un journal (*the Baltimore Sun* du 2 février 1856) « que les hommes et les femmes mariés se livraient maintenant *à la flirtation*, comme les jeunes gens; » et à l'appui de son témoignage, le journaliste invoquait un passage d'un journal américain d'un État autre que le Maryland. « Ces mœurs faciles allaient, au dire de ces deux journaux, en se propageant, et il était temps d'y porter remède. »

Le pasteur me répondit, « que le fait était malheureusement vrai, et que les gens du monde n'étaient que trop enclins à copier les manières de l'Europe. »

Il ajouta, « que, pour lui, le séjour aux eaux était l'objet spécial d'une étude de mœurs à laquelle il se livrait, chaque année, en variant le lieu de son observatoire ; et qu'il remarquait toujours quelque chose de nouveau dont il prenait note. » Rentré chez lui, il recueillait ses souvenirs, les coordonnait, et il en faisait la matière d'une ou plusieurs allocutions à ses ouailles. Il croyait, par ce procédé, leur être plus utile que si ses enseignements restaient toujours dans des termes trop généraux; car, s'attaquant corps à corps avec des faits du moment, dont il avait été le témoin, il était plus fort pour les combattre et pour les empêcher de grandir et de se propager.

III

Accroissement du nombre des femmes ministres du culte.

Pendant que ce livre est sous presse, il me tombe sous la main un journal américain de date assez récente (*the New-York semi-weekly Times*, 14 février 1860), et j'y vois, contrairement aux suppositions que j'exprimais p. 133, que le nombre des femmes ministres du culte et prédicateurs, est maintenant assez abondant, ce qui donne lieu de croire que diverses congrégations ou sectes ont suivi la marche ouverte par les presbytériens, et que, comme eux, elles n'ont pas hésité à conférer le sacerdoce à des sujets féminins. C'est un pas de plus, qui éloigne davantage encore des traditions des puritains.

IV

Statistique concernant les mormons.

Je ne dirai rien des doctrines des mormons pour ne point choquer le lecteur. Je me bornerai à mettre sous ses yeux une statistique du nombre de femmes légitimes appartenant aux membres de la législature du territoire d'Utah[1].

Ce pays, séjour des mormons, n'a point encore réuni les conditions voulues pour être ad-

1. Voy. *New-York Tribune*, 29 décembre 1857.

mis comme État dans l'Union américaine ; ce n'est encore qu'un territoire, c'est-à-dire une organisation préparatoire, mais gouverné par une législature composée d'un conseil ou sénat, et d'une Chambre de représentants, et par un pouvoir exécutif personnifié par le gouverneur nommé par le président de l'Union.

Les membres composant ces trois pouvoirs étaient, en 1856, tous mormons, même le gouverneur; ils pratiquaient tous largement la polygamie, et l'on va s'en faire une idée par le dénombrement qu'en donne un journal, *the San-Francisco-Herald*, d'après une correspondance à lui adressée de Fillmore-City, dépendant de ce territoire, à la date du 15 septembre 1856.

Suivant cette correspondance, Brigham Young, le gouverneur, avait 68 femmes vivantes.

Les 13 membres du conseil ou sénat, en avaient 171, dont le président à lui seul 57. Tous sont représentés, nominalement, comme plus ou moins voûtés, ayant la vue basse, et cédant au poids de l'âge.

Les 26 membres de la Chambre des représentants avaient 157 femmes vivantes, sans compter celles déjà décédées. — Plusieurs de ces représentants sont indiqués comme déjà vieux. — L'un d'eux comptait, parmi ses femmes, 3 sœurs.

Enfin 5 employés attachés au service de la Chambre, y compris le chapelain, avaient 22 femmes ; le chapelain en avait 7 à lui seul.

En résumé les 2 pouvoirs législatif et exécutif, représentés par 45 personnes, avaient en tout 420 femmes.

V

Secte des shakers[1].

Voici la substance de la doctrine des shakers :

Vers la fin du dix-huitième siècle, il se forma, en Angleterre, non loin de Manchester, une secte composée d'un petit nombre d'individus qui crurent remarquer, à certains signes, que la volonté de Dieu allait se manifester une nouvelle fois. Bientôt une femme du nom d'Anne Lee déclara que la divine lumière lui était apparue et qu'elle avait mission de la répandre. Le célibat, tel était l'objet de la révélation. La doctrine, suivant elle, était déjà en germe dans le Nouveau

1. *A summary view of the millenial Church. passim.* Albany, 1843.

Testament; mais les hommes l'avaient foulée aux pieds, il fallait la relever, l'expliquer et gagner à cette cause le plus grand nombre d'âmes. C'est dans ces circonstances que les croyants-unis (telle était la dénomination de leur secte), passèrent en Amérique, dans l'espoir d'y faire fleurir leur enseignement. Là, on proclama la loi nouvelle, on la développa, on appela les objections pour avoir la gloire de les résoudre, et voici, très en raccourci, les idées de ces nouveaux croyants :

Tout dans l'univers présente l'image de deux sexes ; Dieu même a ce double caractère : il est par lui-même, cela est vrai, mais il se complète par la sagesse divine qui est l'attribut féminin de son être. Dieu créa l'homme et la femme à son image, en divisant les attributs qu'il réunissait en lui-même ; il leur ordonna de vivre selon sa loi, mais Adam et Ève en vinrent à la transgresser ; de là leur chute qui amena tous les malheurs dont l'humanité eut à souffrir par la suite. La génération ayant été la cause de la chute, il fallait une régénération, non pas selon la chair, mais selon l'esprit. Jésus-Christ fut envoyé sur cette terre pour l'opérer, mais prenant la forme d'un homme, sa mission restait incomplète. Aussi, depuis lors, que de déviations aux préceptes de son divin enseignement ! Il fallait une seconde révélation, cette fois, sous la forme féminine, pour compléter l'œuvre du Christ, et Anne Lee fut choisie pour cette haute mission. Ce n'est pas la première fois que Dieu fit choix d'une femme pour concourir à l'exécution de ses desseins : c'est ainsi que Miriam fut employée pour aider Moïse et Aaron dans la délivrance des enfants d'Israël, alors esclaves en Égypte. Plus tard, Déborah la prophétesse, n'eut-elle pas une mission semblable, au temps des Juges? D'ailleurs, dans la création spirituelle, l'homme et la femme étant élevés de leur état de nature à un état de spiritualité, il est nécessaire que la tête de l'Église participe des deux sexes, sans quoi cet ordre serait incomplet.

Pour se rendre digne de sa haute mission, Anne Lee qui était mariée, répudia son mari dont la présence auprès d'elle eût été un empêchement à la réalisation de son œuvre et à la pratique de la doctrine. Vierge, elle n'aurait eu aucun mérite à se donner exclusivement à Dieu et à faire un sacrifice dont elle aurait ignoré le prix; mariée, il y avait une immolation de la chair qu'elle offrait en holocauste à l'Être suprême. Elle s'exécuta résolûment pour donner aux autres un exemple salutaire.

Voïci maintenant les discussions auxquelles la doctrine des shakers a donné lieu.

Ils disent : Adam et Ève sont tombés dans le péché parce qu'ils se sont laissés aller aux suggestions du serpent, c'est-à-dire du démon tentateur. Leur faute a été de céder à la sensualité pour elle-même, au lieu d'obéir seulement, comme les êtres du régime animal et végétal, à un ordre de choses intimement lié au retour périodique des saisons. Dieu a puni la femme cause indirecte du mal, en lui disant : « Tu enfanteras dans la douleur; tes désirs seront subordonnés à ceux de ton mari, et il te gouvernera. » Le choix de la peine indique la cause du mal. Il suit de là que l'union de l'homme et de la femme, amenant continuellement les mêmes tentations, le célibat est le seul moyen de se régénérer.

Mais, dit-on aux shakers : Les patriarches se sont mariés, ils ont eu des enfants, même avec leurs esclaves; quelques-uns d'eux ont eu plusieurs femmes, et cependant ils ont été agréables à Dieu qui, d'ailleurs, leur avait donné ce commandement : Croissez et multipliez.

Cela est vrai, disent les croyants-unis, les patriarches ont obéi aux lois transitoires que Dieu leur avait données, mais c'étaient des lois de circonstance, et sans doute ils les exécutaient autrement et mieux qu'Adam ; et comme les patriarches avaient la foi, ils furent sauvés. A cette époque, la doctrine du Christ n'était point donnée.

Cette raison, réplique-t-on, à supposer qu'elle soit admissible pour les patriarches, ne pourrait s'appliquer aux premiers chrétiens qui reçurent l'enseignement immédiat ou au moins médiat du Christ, et qui ne vécurent point dans le célibat? Vous ne pouvez nier que saint Paul n'admît le mariage en termes exprès? (*Épître aux Corinthiens.*)

Saint Paul, répondent les shakers, admet le mariage comme pis-aller, seulement pour éviter le péché d'incontinence. C'est ainsi qu'il dit aux Corinthiens : « Que ceux qui ne sont pas continents se marient; car il vaut mieux se marier que de brûler. » (Ch. VII, v. 9.) La question ainsi posée, le choix des Corinthiens ne pouvait être douteux. Mais saint Paul proclamait d'abord, dans le v. 1er du même chapitre : « Qu'il est bon pour l'homme de ne pas se marier. » Et dans le v. 8, il répète ce conseil aux hommes non mariés et aux veuves, ce qui prouve que l'état du célibat est le seul vraiment pur et conforme aux idées de Dieu. Puis, en parlant du mariage, saint Paul sous-entend un mariage plutôt spirituel qu'autrement, ainsi qu'il le prouve dans plusieurs passages, notamment chap. XI, v. 2, où il dit à la femme : « Je suis jaloux de vous, d'une jalousie de Dieu, parce que je vous ai unie à un seul homme pour vous présenter au Christ comme une vierge chaste. » Que signifierait la chasteté en prenant le mariage dans son acception vulgaire?

Mais on insiste, et l'on dit : Si l'on admettait la doctrine du célibat, le genre humain disparaîtrait en moins d'un siècle, et jusque-là tout lien de famille serait rompu.

La réponse des nouveaux croyants est celle-ci :

L'opinion à peu près générale est que le monde périra par le feu. Or, ne vaut-il pas mieux pratiquer l'Évangile et purifier ses actions au feu vivifiant de ses préceptes, que de s'exposer à périr par le feu de la vengeance céleste?

Quant aux rapports de famille : Si, dans l'état de nature, le mariage peut être utile, nécessaire même pour régler les rapports des hommes, il faut le repousser, au point de vue spirituel, d'abord parce que la famille engendre l'égoïsme et rapetisse les nobles impulsions du cœur aux proportions d'un petit cercle, au lieu de les étendre à l'humanité tout entière. Et puis, Jésus-Christ ne dit-il pas à ceux qui l'interrogeaient sur le sort d'une femme dont le mari était mort : « Les enfants de ce siècle prennent et sont pris en mariage, mais ceux qui seront dignes d'obtenir ce siècle-là, et la résurrection des morts, ne prendront ni ne seront pris en mariage. » (Saint Luc, chap. xx, v. 34, 35.)

VI

Sur le nombre des divorces.

J'ai évalué, page 196, le nombre annuel de divorces prononcés aux États-Unis à 3000 environ, et je crois être resté au-dessous de la vérité, car ces États sont au nombre de trente-trois, sans compter plusieurs territoires. J'ai donné, page 170 et suivantes, des renseignements statistiques sur quelques États, voici quelques fragments qui, rapprochés des autres, fortifieront davantage encore mes appréciations :

Le *New-York Herald*, l'un des journaux les plus répandus de l'Union, dans son numéro du 25 mars 1850, parlait « de centaines de demandes de divorce qui étaient alors pendantes devant les législatures de différents États, et il disait que le Maryland et la Pensylvanie (deux anciens États classés parmi les plus importants de l'Union) étaient en possession d'attirer le plus de ces sortes d'affaires. »

Le *Courrier des États-Unis*, journal français, le plus important de tous ceux qui se publient dans cette langue en Amérique, disait, dans son numéro du 5 décembre 1855, que la cour suprême du petit État de Rhode-Island, l'un des plus anciens de l'Union, avait fait droit à trente-six demandes de divorce, dans sa session la plus récente, et pour les habitants d'un seul comté de cet État, le comté de Providence ; et il ajoute : « Jugez, d'après cela, de ceux qui se passent de cette formalité légale! »

Le même fait est confirmé par le journal *Cincinnati Sun* (Ohio) du 11 décembre 1855.

Dans un journal de Philadelphie, *the Philadelphia Ledger* du 5 mars 1856, on voit que la cour suprême de l'État de Vermont, l'un des plus anciens et des plus puritains de l'Union, avait fait droit à neuf demandes de divorce dans un petit comté seulement de cet État (*the Rutland county*) dans une seule session.

Enfin, *the Boston Journal* du 20 avril 1857 rapporte que la cour suprême du Massachusetts avait prononcé sept divorces en deux jours pour le comté de Lowell seulement.

Je pourrais augmenter ces citations, mais cela serait surabondant; j'ai voulu établir seulement que ces divorces se multipliaient aussi bien dans les États anciens que dans les États nouveaux, et qu'ils s'appliquaient indifféremment aux États puritains aussi bien qu'aux autres.

VII

Sur le mouvement de la population aux États-Unis.

D'après les diverses statistiques officielles et non officielles, toutes reposant sur des bases plus ou moins inexactes, mais pouvant donner cependant des renseignements approximatifs, on peut considérer que la population des États-Unis s'accroît annuellement dans des proportions beaucoup plus élevées que dans les États d'Europe, même sans avoir égard à l'immigration. Un homme fort distingué, tout à la fois comme historien et économiste, l'honorable M. Tucker a publié sur le mouvement de la population de ce pays un intéressant travail[1] dans lequel il en a

1. *Progress of the United States in population and wealth in* 50 *years p.* 101, 103 et *passim.* Ire partie. Plus page 26, IIe partie.

échelonné les progrès, par périodes de dix années, en suivant les recensements décennaux, et il a constaté les accroissements suivants :

De 1790 à 1800..........	33,9 pour 100.
De 1800 à 1810..........	33,1
De 1810 à 1820..........	32,1
De 1820 à 1830..........	30,9
De 1830 à 1840..........	29,6
De 1840 à 1850..........	23,9

Le tout indépendamment de l'appoint qu'amène chaque année l'immigration européenne qui a considérablement décru.

On voit par là, que depuis le point de départ de 1790 l'accroissement de la population, tout important qu'il est, en effet, a été continuellement en diminuant, à chacune des périodes successives. On a recherché les causes de cette décroissance, on en a indiqué plusieurs, au nombre desquelles M. Tucker fait figurer la prudence et l'orgueil qui ont beaucoup de puissance, au fur et à mesure du grand développement des villes et des classes riches qui les habitent. Ces causes retardent ou empêchent les mariages, et influent à tous égards, sur la production de la population.

FIN.

TABLE DES MATIÈRES.

CHAPITRE PREMIER.

MARIAGE EN FRANCE.

CHAPITRE II.

MARIAGE EN ANGLETERRE.

CHAPITRE III.

MARIAGE EN AMÉRIQUE.

APPENDICE.

FIN DE LA TABLE.

Paris. — Imprimerie de Ch. Lahure et Cie, rue de Fleurus, 9.

www.ingramcontent.com/pod-product-compliance
Ingram Content Group UK Ltd.
Pitfield, Milton Keynes, MK11 3LW, UK
UKHW012204240726
13966UKWH00002B/562

9 782013 633123